U0049750

法國高中生 哲學讀本IV

PASSERELLES

PHILOSOPHIE TERMINALES L.ES.S

文化是讓人脫離本性還是實現本性？
————————思索文化的哲學之路

侯貝（Blanche Robert）等人——著

廖健苡——譯

沈清楷——審

目錄

第一章 文化哲學導論 ＿＿＿＿＿2

文化表示文明的狀態，文明相對於自然狀態，是整個人類都歷經的過程。文化展現在各個文化、文明的特定形式中，並屬於某個民族。

第二章 語言 _____24
語言是一種建立於符號系統，用來表達與溝通的工具。

第三章 藝術 _____52

藝術是人類的活動，主要在於生產具有審美價值的作品。

第四章 勞動與技術 _____94

勞動是一種活動，人類透過勞動改變自身環境，以求供應自己生存所需。技術是為了達到這個結果所使用的各種手段之總和。

問題思考 ————————+———— COURS

　　1. 勞動與技術對抗大自然所發生的種種事件，是為了滿足人類的需求與欲望

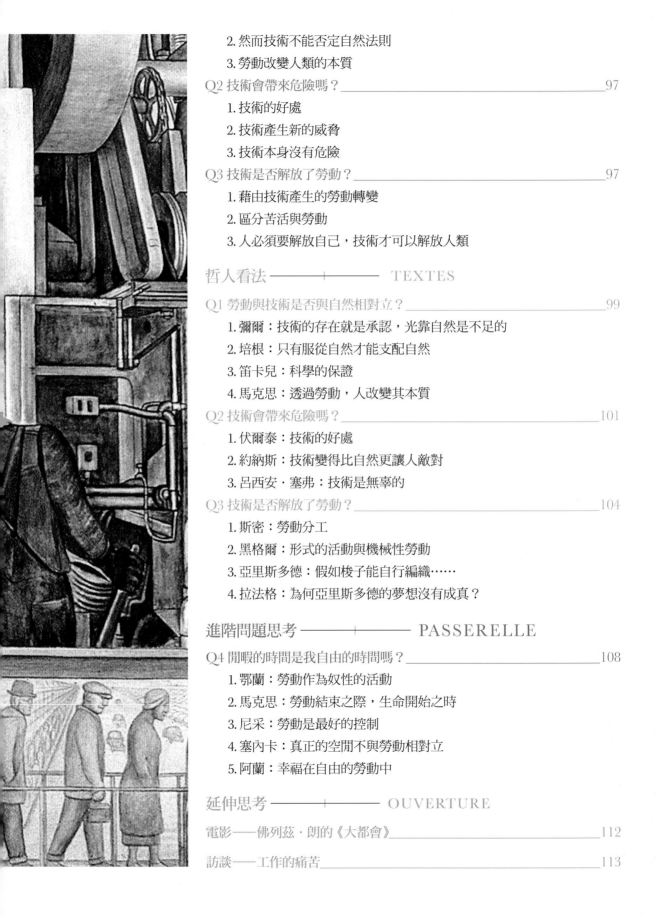

第六章 歷史 ——————————————————— 148

歷史是人類所歷經事件的整體，同時也是透過調查的方式去重建這些事實。

問題思考 ————+———— COURS

哲人看法 ————+———— TEXTES

進階問題思考 ————+———— PASSERELLE

延伸思考 ————+———— OUVERTURE

【推薦序】

高中哲學教育的視野
──思考那不被思考的事情

文｜沈清楷（輔仁大學哲學系助理教授、哲學星期五創辦人之一）

每年六月，法國都會有五、六十萬高中生參加長達四小時的高中哲學會考筆試，而近年來，台灣媒體同步瘋狂轉貼法國高中哲學會考題目，引發許多討論。或許有人基於對舶來品和法國的異國遐想而感到欣羨，也有人趁機宣洩對當前台灣作文考題的不滿，而法國高中哲學會考題目的開放性，更不禁讓人比對過去台灣在黨國體制下高中聯考必考的「三民主義」或是現存的「中華文化基本教材」以及國文的作文考題。似乎，台灣也應該有這樣的哲學會考？

我們常教學生或孩子思考，又害怕他們因為懂得思考而不服從管教，因而扼殺了思考。我們會用「不要想太多」來規訓他們生命的奔放，因此教他們思考是危險的，因而，哲學是危險的，因為它要求思考，思考那不被思考的事情！因為學會了思考，他們會頂嘴、反駁、要求合理。但是，轉念一想，如果透過思考尋找理由彼此說服與溝通，不因為學生或孩子頂嘴而認定他們不受教，他們便可能在思考過程中學習如何傾聽與溝通。而大人只要放下身段，不以權威自居，將會成為他們未來最好的對話者與忘年之交。大人也可以從他們的真摯，反省我們太過人性的世俗，學習到我們可能早已遺忘的純真。因此，重點不是「不要想太多」，而是「怎麼想」。哲學教育也不會停留在怎麼想，因為，思考在某一刻會觸發行動。

法國高中有個耳熟能詳的謠傳：在上了一學期的哲學課之後，哲學老師教導如何找出問題意識，針對一般看法提出反思，形成定義後，進行正反論證、旁徵博引等等。期末考到了，老師出了一個題目：何謂風險？並規定作答方式、答題時間、評分標準。結果有個學生以很快的速度交卷，並得到了最高分。他在一本幾頁的答題本的最後一頁，只寫著一句話：「這就是風險。」這個故事後來也發展出其他版本：「何謂勇氣？」、「何謂膽量？」這個故事後來還被拍成電影，鼓勵學生獨立思考，發揮創意，對思考後所付諸的行動，還要勇於承擔行動的風險。當然，只有第一個人是勇氣，其他就是毫無創意的重複和模仿。

法國高中哲學教育的要點

如果你真的相信「何謂風險？」是法國高中哲學會考題目，可能就小看了這個背後的規劃，因為台灣國小一般作文的考題，也可以出這樣的題目。先看一下 2015 年「人文」、「科學」、「經濟社會」與「科技」四組的考題，每組都有兩題論文寫作加上一篇文本分析。分別如下：

【人文組】

論文寫作

第一題：尊重所有活著的存在，是一種道德義務嗎？

(Respecter tout être vivant, est-ce un devoir moral?)

第二題：我是我的過去所造成的嗎？

(Suis-je ce que mon passé a fait de moi?)

文本分析：托克維爾《論美國的民主》節選，1840 年

【科學組】

論文寫作

第一題：藝術作品一定要有意義嗎？

(Une oeuvre d'art a-t-elle toujours un sens?)

第二題：政治可以迴避人們對真實的要求嗎？

(La politique échappe-t-elle à l'exigence de vérité?)

文本分析：西塞羅《論占卜》節選，公元前一世紀

【經濟社會組】

論文寫作

第一題：個體的意識只是所處社會的反映？

(La conscience de l'individu n'est-elle que le reflet de la société à

laquelle il appartient?)

第二題：藝術家的創作是可被理解的？

(L'artiste donne-t-il quelque chose à comprendre?)

文本分析：史賓諾莎《神學政治論》節錄，1670 年

【科技組】

論文寫作

第一題：文化造就了人類？

(La culture fait-elle l'homme?)

第二題：人若不自由也可能幸福嗎？

(Peut-on être heureux sans être libre?)

文本分析：休謨《人類理解論》節錄，1748

光看題目的深度或難度與多樣性，以及各個不同組別都要學哲學，便讓人好奇這些題目基於什麼樣的「課綱」，或是根據什麼課程內容的編排，以及什麼樣的教學過程，才可以使學生知道如何作答？法國的高中哲學課綱訂立著重在五大主題、哲學家、重要的觀念區辨（▶參見文末「法國高中哲學課綱」），不過，這個課綱是「簡綱」，而不同於台灣的「詳綱」；加上考試的推波助瀾，使得法國坊間充滿著琳瑯滿目的哲學教材。

法國高中哲學教育的重點可分為「觀念」

與「作者」兩部分。在觀念方面，「普通會考類別」主要分為五大範疇：主體（自我認識）、文化、理性與真實、政治、道德。透過這些基本概念，再擴大延伸出如平等、感覺、欲望、語言、宗教、表現、國家或義務等觀念的思考，再根據不同學科斟酌比重。除了觀念，學生也須研讀作家或哲學家的作品，畢竟閱讀這些作品對於了解哲學十分重要。課程提供了會考範圍的哲學家清單，裡面共有57位作者，從時期來分，可分為「古希臘羅馬到中世紀」（從柏拉圖到奧坎，共15位作者）、「現代」（從馬基維利到康德，共18位作者）和「當代」（從黑格爾到傅柯，共24位作者）等三個時期。除了古代到中世紀很難用現代國家的概念來區分，現代、當代兩個時期的42位作者中，有19位是法國人、10位是英國人（或英文著作）、9位德國人，以及4位歐洲其他國家的作者。

法國高中哲學教育不從哲學史教起，而是注重問題意識的發現、對定義深入探討，並強調正反論理的過程。哲學於是成為跨越人文學科的基礎知識，以及培養公民思考能力的教育。法國的教科書出版業者便根據上述原則逕行撰寫，這冊法國高中哲學──文化篇即是上述五大主題的其中之一。

本書是怎麼編排的？

從這一冊的主題「文化」來看：除了導論之外，分成了五個子題開展，分別是「語言」、「藝術」、「宗教」、「勞動與技術」、「宗教」和「歷史」，涉及的範圍可謂這五冊法國高中生哲學讀本最廣泛、最豐富的。文化跟我們的生活息息相關，歷經不同世代的共同生活經驗，需要探討的不只是歷史傳統的延續，還包括對這個歷史傳統的批判與創新。文化看似自明，卻很難一言以蔽之。而「文化」到底是什麼？

首先可以把文化當作相對於「自然」的所

有「人為」的總和，然後針對自然與人為進行辯證，去追問這些問題：「人為」難道不也是「自然」的一部分？取消人為、回歸自然，會不會變得很不自然？回歸自然的「自然」，是不是一種「人為想像」的自然？此外，自然與人為的辯證，也會涉及到自由的問題，我們會因為人為創造的文化更加自由？還是會因此深陷於技術，而成為苦惱的來源？

細看本書的編排結構，從「一般看法」和「思考之後」兩種看法的對比開始，因為，思考起於對於生活周遭以及刻板印象的反省。接著試圖找出「定義」，再從定義找出「問題意識」，並在整個陳述的脈絡中，不斷點出「關鍵字區分」。從幾個大問題中，再細分出幾個更小的問題，藉著哲學家不同觀點的「引文」，一方面回到原典閱讀，另一方面，閱讀是為了分析這些觀點的「論據」。因此，面對哲學家，他們並非被當作大師來膜拜，因為盡信書不如無書，偶像崇拜不是教育的目的，這些哲學家的文本，只是作為思考時正反意見的參考，並用來擴充我們思考時的深度與廣度。接著，再從「進階問題思考」、「延伸思考」，更廣泛地去思考「語言」、「藝術」、「宗教」、「勞動與技術」、「宗教」、「歷史」在集體歷史和個人存在之間的關係，並輔助以電影、繪畫、歷史、新聞報導、文學等不同例子，從而再次深化問題意識，以便讓哲學的反思能夠進入某種具體情境中來思考。

比如說：在「一般看法」中，文化有野蠻與文明、高級與低級之分，我們就可以進一步反思這個「區分」如何形成？或是依據什麼樣的標準，讓我們得以評價某個文化的好壞優劣，從而發現自己心中有種不自覺的標準，而這個標準也可能是偏見的來源。因此，當我們說一個人「沒有文化」，這是一種貶抑的評價，代表「缺乏教養」，甚至等同「野蠻」。這種看法將文化與野蠻對立，就如蒙田所提醒的：「每個人都將不符合自己習慣的稱為野蠻。」在「以為自己最好」的單一觀點下去判斷跟自己不

同的事物，而把他人視為野蠻，這本身可能就是一種野蠻，就如李維—史陀所說的：「野蠻人是那相信野蠻存在的人。」對野蠻的指控，難道不會是一個「狹隘又自戀」的偏見？

我們也可以在世界的殖民歷史中，看到了一種更霸道、以「高級」自居的野蠻。殖民者以科技進步、經濟效益等標準來衡量一切，從而貶低經濟相對弱勢的文化。他們宣稱自己是文明的，企圖為某個地區注入所謂的「高級」文化，進而以文化為名進行掠奪、侵占、剝削之實，最後更以這樣的政經實力為基礎，抹煞不同文化的特殊性，建立起文化的高低標準，最後甚至把這個標準本質化。然而，野蠻與文明、高級與低級的區分不是仍然存在？這個區分或許很難消除，但是可以經由分析野蠻的概念，重新反思那些我們習以為常的野蠻、「不太有文化的」文化、自以為是的高級，以及沒有必要的自卑。

「我們的」文化？

我們可以借用德希達所說，「文化本身就是一種殖民」。在這裡，「殖民」一詞強調了文化的外來性，這種外來不見得是強勢文化對弱勢文化的擠壓，而是可以更廣義地加以理解，因為我們從出生開始，就受到外在於我們的某種文化所規定。如果這種外來性是存在的，所謂「我們的」文化就不是內在性、本質性的，就不是不可更動的。「我們的」只是受到某個文化影響後加以內化，再透過有意或無意的認同所形成的集體習慣或是某個社群的規定性。對個體而言，文化不會是先天的或是只有一個單一起源的文化，個體身上的文化總是多元的，並且在某個歷史條件偶然形成，當然這也不妨礙把他人的文化納入自己的一部分。另一方面，「我們的文化」看似隱含了為「我們」所占有，但仔細想想，我們無法占有一個文化，我們總是受到多個文化所影響，再消化吸收成為我們的。

當我們談論西方文化、亞洲文化、台灣文化等之時，通常會預設某種整體性和同質性，卻可能忽略內在的多樣性與差異性。而當我們認為自己就活在某種「文化多樣性」當中，因為身處於多元文化並作為世界公民而歡欣雀躍時，這種樂觀也可能忽略了多元中仍有強勢與弱勢文化之分，沒能考慮到強勢文化滲透到我們的語言、宗教、史觀和審美之中，無形地影響我們的選擇與判斷。強勢文化也經常以「兼容並蓄」、「多元性」這類修辭來形成表面的正當性，以掩蓋它對其他弱勢文化的壓迫。對文化多樣性或多元文化的現狀，若抱持一種缺乏反思的樂觀，可能將我們帶向保守性的維持現狀。

也因此，當我們談論「文化主體性」，是在強弱有別、多樣紛呈的歷史傳統之上所進行的反省與文化創造，進而形成某種文化獨特性。這種獨特性不是讓這個文化變成某種類似財產的占有物而具有排他性，也要避免為了創造文化主體性而進行文化純粹性的虛構，以為有個完全不受外來影響、沒有過去的文化主體。這種獨特性也可以被欣賞的人所分享，因而從這個角度來說，文化不是誰的、某個主權國家的，而是有待分享、可被分享的事物。當個人或是集體正在創建某種文化、尋找某個文化的獨特性時，對野蠻的反省，將有助於我們脫離自身的偏狹，從而獲得文化創造所不可或缺的態度——對可能性有更開闊的設想，並以更開放的心態去面對、接觸與我們不同的他人和世界。

這些對文化的反思，在人開始思索質疑周遭發生的現象以及既定價值時，就會開始發酵。我們可以停留在「反正什麼都一樣」的相對論當中，當然也可以透過這本書的「問題意識」，進一步以正方、反方思考人性或共同生活中必然觸及的問題及價值，以及可行的解決之道。不同觀點能提供參考，破除一些邏輯上的矛盾，但真正的答案還是屬於願意思考的人。

法國的哲學教育，台灣適用嗎？

法國高中哲學會考是否適用於台灣？一看到「考試」二字，我們便不免擔憂這種四小時的哲學寫作會考，在台灣現行的教育體制下，對學生的負擔是否會太重？會不會因為考試而變成另一種強迫式的八股答題文化？然後還要上補習班，才能通過會考？是否可能揠苗助長，反而讓人對經典閱讀失去興趣、對哲學思辨望之卻步？法國高中哲學會不會是一種外來思想的移植？而這種思想的自我殖民是否有其必要？這些問題都是有意義的。但面對台灣的教育，我們還是可以反省，現行高中人文教育是否輕忽高中生閱讀經典與思辨的能力？另外，如果哲學能作為豐富高中人文學養以及視野的參考，將之排除在高中課程之外又豈不可惜？試圖在高中階段注入人文思想的有志之士，可以思考的是，如何在不增加學業或考試的負擔之下，調整哲學課程的時數比例，或是把哲學融入歷史、公民、地理等人文課程，鼓勵閱讀、反思和想像。這系列書籍只是「文化視野的參考」，台灣高中哲學教育也確實不能以法國思考為標準，而是應該鼓勵台灣這一代優秀的大學教授和高中老師自行撰寫。只有他們才會回到台灣自身環境來思考，才可能豐沛下一代的人文素養。

儘管法國高中有哲學教育，但它並非萬靈丹，也無法負擔全部的教育責任與後果。如果可能，它或許能培育傾聽、求證、參考不同意見後的反思態度，至於思考的深度與廣度，還是繫於個人的反思能力。看著學生或孩子天真的臉龐，其實他們擁有一顆趨向成熟的心靈。當大人跟他們說「不要想太多時」，他們很可能眨著眼，微笑看著你（心中反駁著：「是不是你想太少了啊？」XDD）。

感謝

這本書的出版因緣，特別要謝謝我在比利

時魯汶大學留學時所結識的宋宜真小姐的堅持與耐心，她在坊間已經有許多哲學普及讀物之際，還願意請在法國巴黎留學的魏聰洲先生將許多版本的法國教科書寄回台灣，由我任選一本，然後找人翻譯成中文。不知好歹的我，選了一本高達六百頁的教科書（陸續分為五冊出版）。當初之所以選擇較厚重的版本，是因為商業或考試用途的書大多輕薄短小，無法看到法國在教學現場許多高中老師在編排哲學教科書的企圖與選材上的豐富性。當然更要謝謝總編輯賴淑玲小姐的氣度與識見，不計成本、不做短線市場操作，在焦慮中耐心地包容譯者和審定者的龜毛與拖稿。

這本書的目的也不是原封不動地「移植」西方哲學的教材或教法給台灣的高中生或老師，只是希望作為台灣未來哲學教育「參考」的文化視野。它同時也是給「大人」看的。只要一進入這本書，就會發現，我們可以為自己的下一代做得更多。台灣目前已經有許多人對哲學普及教育進行推廣、引介、原創等哲學寫作，如議題最廣泛的公民論壇「哲學星期五」（2017年整年在台灣、美國、歐洲各地，總共辦了421場論壇活動）、台灣高中哲學教育推廣學會（PHEDO）在南港高中的人文課程，並在教育廣播電台籌辦「哲學咖啡館」節目，以及「哲學哲學雞蛋糕」、「哲學新媒體」和「哲思台灣」等媒體或平台。還有年輕一代的台灣學者更以哲學知識，直接回到台灣公共議題論辯的努力，所共同推動的哲普教育「沃草烙哲學」，以及2017年「民視台灣學堂」開設的哲學節目（如「哲學現場」或「哲學談淺淺地」），使得向來被視為偏僻冷門的哲學，進入主流媒體之中。這些耗費心力卻難得的嘗試，也是為整個台灣公民社會議題帶入更多思辨與想像，並找

出適合於台灣多元文化的本土高中哲學教育。這套《法國高中生哲學讀本》全系列共五本的分冊翻譯出版過程，見證與加入了這個運動的行列，也在推動台灣高中哲學教育以及在台灣人民的自我啟蒙的歷程中，共同努力、加油、打氣。

謝謝哲學星期五策劃人之一的廖健苡小姐、PHEDO秘書長梁家瑜先生，願意耗費大量心力翻譯這本「結緣品」。不論他們是否因交友不慎而誤入歧途、擔任翻譯的苦主，我更珍惜的是他們低調的使命感，使得筆者在校稿上輕鬆不少。感謝主編宋宜真、官子程，在仔細閱讀後的提問、盡可能照顧一般讀者，在字詞用語上的仔細斟酌，讓文句盡可能通順好讀。

最後，這本法國高中哲學教科書文化篇許多的經典引文，都是根據已有法文譯本，而中文版盡可能參照原文（希臘文、拉丁文、德文、英文）。在審校過程中，除了法文的原文由筆者進行校稿，要特別謝謝輔大哲學系諸多同事以及許多老師義務幫忙校閱其他語文的譯文：尤其是張存華教授協助書稿中大量關於康德德文的比對校正；黃麗綺教授協助尼采德文比對校正；陳妙芬教授協助塞內卡、阿奎那拉丁文以及黑格爾德文比對校正，也受到黃涵榆教授、徐學庸教授、楊植勝教授、劉康教授等人在英文、德文以及希臘文文本翻譯上的協助。正是他們的無私和由於他們學養的挹注與義助，才讓這本書增色不少，也具有更多參考價值。當然，審校後的文責由我承擔，與這些拔刀相助的苦主無關。在推動高中哲學教育上，吳豐維、葉浩、林靜君等夥伴無私、持續不懈的努力，更讓我感佩再三。在此，向他們所有人的友誼與熱情，致上最深的謝意。

法國高中哲學課綱

觀念

人文組（Série L）	經濟社會組（Série ES）	科學組（Série S）
主體（Le sujet）	**主體**（Le sujet）	**主體**（Le sujet）
意識（La conscience）	意識（La conscience）	意識（La conscience）
知覺（La perception）	知覺（La perception）	知覺（La perception）
無意識（L'inconscient）	無意識（L'inconscient）	欲望（Le désir）
他人（Autrui）	欲望（Le désir）	
欲望（Le désir）		
存在與時間（L'existence et le temps）		
文化（La culture）	**文化**（La culture）	**文化**（La culture）
語言（Le langage）	語言（Le langage）	藝術（L'art）
藝術（L'art）	藝術（L'art）	勞動與技術（Le travail et la technique）
勞動與技術（Le travail et la technique）	勞動與技術（Le travail et la technique）	宗教（La religion）
宗教（La religion）	宗教（La religion）	
歷史（L'histoire）	歷史（L'histoire）	
理性與真實（La raison et le réel）	**理性與真實**（La raison et le réel）	**理性與真實**（La raison et le réel）
理論與經驗（Théorie et expérience）	論證（La démonstration）	論證（La démonstration）
論證（La démonstration）	詮釋（L'interprétation）	生命（Le vivant）
詮釋（L'interprétation）	物質與心靈（La matière et l'esprit）	物質與心靈（La matière et l'esprit）
生命（Le vivant）	真理（La vérité）	真理（La vérité）
物質與心靈（La matière et l'esprit）		
真理（La vérité）		
政治（La politique）	**政治**（La politique）	**政治**（La politique）
社會（La société）	社會與交換（La société et les échanges）	社會與國家（La société et l'État）
正義與法律（La justice et le droit）	正義與法律（La justice et le droit）	正義與法律（La justice et le droit）
國家（L'État）	國家（L'État）	
道德（La morale）	**道德**（La morale）	**道德**（La morale）
自由（La liberté）	自由（La liberté）	自由（La liberté）
義務（Le devoir）	義務（Le devoir）	義務（Le devoir）
幸福（Le bonheur）	幸福（Le bonheur）	幸福（Le bonheur）

作者

古代 中世紀（15人）	現代（18人）	當代（24人）
柏拉圖 PLATON	馬基維利 MACHIAVEL	黑格爾 HEGEL
亞里斯多德 ARISTOTE	蒙田 MONTAIGNE	叔本華 SCHOPENHAUER
伊比鳩魯 ÉPICURE	培根 BACON	托克維爾 TOCQUEVILLE
盧克萊修 LUCRÉCE	霍布斯 HOBBES	孔德 COMTE
塞內卡 SÉNÈQUE	笛卡兒 DESCARTES	古諾 COURNOT
西塞羅 CICÉRON	巴斯卡 PASCAL	彌爾 MILL
艾比克泰德 ÉPICTÈTE	史賓諾莎 SPINOZA	齊克果 KIERKEGAARD
馬可·奧里略 MARC AURÉLE	洛克 LOCKE	馬克思 MARX
塞克斯都·恩披里克 SEXTUS EMPIRICUS	馬勒布朗士 MALEBRANCHE	尼采 NIETZSCHE
普羅丁 PLOTIN	萊布尼茲 LEIBNIZ	佛洛伊德 FREUD
奧古斯丁 AUGUSTIN	維柯 VICO	涂爾幹 DURKHEIM
阿威羅伊 AVERROÈS	柏克萊 BERKELEY	胡塞爾 HUSSERL
安賽爾莫 ANSELME	孔迪亞克 CONDILLAC	柏格森 BERGSON
阿奎那 THOMAS D'AQUIN	孟德斯鳩 MONTESQUIEU	阿蘭 ALAIN
奧坎 OCKHAM	休謨 HUME	羅素 RUSSELL
	盧梭 ROUSSEAU	巴舍拉 BACHELARD
	狄德羅 DIDEROT	海德格 HEIDEGGER
	康德 KANT	維根斯坦 WITTGENSTEIN
		波普 POPPER
		沙特 SARTRE
		鄂蘭 ARENDT
		梅洛－龐蒂 MERLEAU-PONTY
		列維納斯 LÉVINAS
		傅柯 FOUCAULT

關鍵字區分（Repères）：從上面大觀念而來，更準確的觀念群組（根據ABC為序）

絕對（absolu）/相對（relatif）；抽象（abstrait）/具體（concret）；實現（en acte）/潛能（en puissance）；分析（analyse）/綜合（synthèse）；原因（cause）/目的（fin）；偶然或偶發（contingent）/必然（nécessaire）/可能（possible）；相信（croire）/知道（savoir）；本質（essentiel）/偶然或偶有（accidentel）；解釋（expliquer）/理解（comprendre）；事實（en fait）/法理（en droit）；形式（formel）/物質（matériel）；類（genre）/種（espèce）/個體（individu）；理想（idéal）/現實（réel）；同一或相同（identité）/平等或等同（égalité）/差異或不同（différence）；直覺（intuitif）/論理（discursif）；合法（légal）/正當（légitime）；間接（médiat）/直接（immédiat）；客觀（objectif）/主觀（subjectif）；義務（obligation）/限制（contrainte）；起源（origine）/基礎（fondement）；說服（persuader）/信服（convaincre）；相似（ressemblance）/類比（analogie）；原則（principe）/結果（conséquence）；理論（en théorie）/實踐（en pratique）；超越（transcendant）/內在（immanent）；普遍（universel），一般（général）/特殊或特定（particulier），個別（singulier）

【推薦序】

文化哲學是什麼樣的哲學？
——談文化哲學的四個特性

文｜楊植勝（台灣大學哲學系副教授）

哲學的「折回」特性

在談文化哲學的特性之前，要先談到哲學的兩個特性。哲學的第一個特性，我稱之為「折回」。它同時也是反射、反身、反省或反思的意思。它的英語文字 reflection（或法語 réflexion、德語 Reflexion）具體的意象是光的反射：光照到鏡面，再折射回來。哲學的「認識自己」，經由這個折回的意象，表現為人反身的自我觀看。這個自我觀看關係到哲學的「自我指涉」（self-reference），也就是哲學活動的切身性。

相對於哲學，科學就不具有這樣的切身性。一個科學家面對研究對象的典型形象，是他隔著一支放大鏡、顯微鏡，或天文望眼鏡，觀察鏡片另一頭的研究對象。科學家本人與研究對象，或所謂的「主體」（subject）與「客體」（object），是隔離的。只有主客隔離，主體才不會影響客體，才能確保科學研究的「客觀性」（objectivity）。哲學之所以不能擁有科學研究的那種客觀性，在於哲學無法隔離主客。當哲學家在思考「世界」時，他所思考的世界包含他自己；他不能自外於他所思考的世界。因此，面對一個包含他自己的對象，他只能利用像光的反射一樣的方式間接地自我觀察——這就是折回。

在折回的活動中，主體與客體是同一的；正如一個人照鏡子，觀察者是這個人，被觀察者也是這個人。反之，相對於折回，科學家對待他的研究對象是直接地朝向（direct to）它——主體面對一個與他不同的客體，亦即主客分離。但是主客分離往往不是現實人生的常態，因此必須藉助實驗室的條件控制。當一個科學家換上白袍，走入實驗室，他就進到一個人為的主客分離場域；離開實驗室，他才回到真實的生活場域。哲學家不同於科學家，在於哲學家的生活世界就是他的實驗室；他無從控制生活世界的所有條件，達到主客分離的客觀性。總之，哲學家不能自外於世界，從而只能以折回的方式，反思他所置身的世界。

哲學的「後思」特性

哲學的第二個特性是就時間上來說，我稱之為「後思」。後思一詞來自德語的 Nachdenken，字面上是英語的 after-thought 或法語的 après-pensée，意思是指思考在時間上的後到。

相對於哲學的後思，科學的思考是一種「前思」（德語 Vordenken、英語 before-thought，或法語 avant-pensée）。舉「科學哲學」所描述的科學程序為例：科學家要先提出一個假說，然後用觀察或實驗來證明這個假說——或者如果我們像波普（Karl Popper）一樣不相信假說是可以證明的，那就用觀察或實驗來證偽（falsify）或反駁（refute）這個假說。「提出假說」就是前思；

之後的觀察或實驗只是對於這個假說肯定的或否定的檢證。這種前思與哲學思考的特性正好相反。

人，作為海德格所謂的「被拋擲的存有」，是先被生到這個世界上，然後才開始他對人生的哲學思考。他不能夠要求讓他在誕生之前先構想一個人生的計畫，然後再到世上執行這個計畫。這使得人在他生命一開始就不能把握他人生的意義、價值與目的；總要經過一番生活的歷練之後，他才能也才會開始對人生的反省──而這，就是時間上的後思。我們可以用黑格爾《法哲學》裡的一句名言來表達哲學的後思特性：「當哲學在灰色裡畫它（哲學）的灰色時，一個生命的型態已經變老了，而且在灰色裡用灰色並不能使它（生命的型態）回春，而只是使它被認識；密涅娃（Minerva）的貓頭鷹直到夜幕垂下才開始它的飛翔。」

文化哲學的「折回性」與「後思性」

哲學的折回特性與後思特性的關係，在一方面，後思的特性可以從折回的特性推論出來：因為經過間接的折回，哲學的思考會比它折回以前的對象慢一步。換句話說，正如反思總是在事情發生以後才能進行，反思只能是後到的思考──因此是「後思」。另一方面，從哲學的後思特性，同樣可以推論出它的折回特性：後思作為事後的思考，它所思考的客體已經不在當下、成為過去了，因此思考的主體無從直接地朝向客體，而只能以事後的回顧為之，而這就是折回。這兩種哲學的特性，因此是一體的兩面：折回的特性是哲學「共時性」（synchronical）的一面，也就是它靜態、結構的一面；後思的特性是哲學「歷時性」（diachronical）的一面，也就是它動態、時間的一面。

文化哲學作為一種哲學，同樣具有這兩個特性。首先，文化哲學對文化的觀察，不能像科學一樣，把文化放在一支顯微鏡底下來觀察；相反地，當哲學家在觀察文化現象時，他自己就置身在文化當中；他帶著他所屬文化既有的成見在觀察文化現象。並且，在觀察文化現象時，也對他所看到的文化現象提出判斷；這個判斷可能肯定，也可能否定文化現象。之後，他對文化的判斷一旦成為哲學思想，這個判斷也將進入文化，成為文化的一部分。在文化哲學的折回中，沒有一個折回的哲學不隸屬於某一個時代，或某一種文化：當哲學家討論語言時，他使用他慣用的語言來討論語言；當哲學家討論藝術、勞動與宗教時，他就他熟悉的藝術作品、勞動方式與宗教類型來討論它們；而當哲學家討論歷史時，他是置身在歷史的洪流之中討論歷史。因此，科學那種主客分離的客觀性是不存在的；取而代之地，在文化哲學裡，我們看到的是哲學在文化思考所折回的洞見與智慧。黑格爾說哲學是「它（哲學）被把握在思想當中的時代」：「妄想某一個哲學超越它當前的世界，正如妄想一個人跳過他的時代、跳過若獨思島（Rhodus）一樣的愚蠢。」

其次，文化哲學的思考，不能先於文化──正如同人生哲學的思考，不能先於人生一樣。文化哲學所要思考的，是既有的文化現象，因此一定先有文化，然後才有文化哲學；文化哲學就是哲學對於文化現象的後思。在文化哲學中，語言哲學是對人類既有語言的後思；藝術哲學是對人類既有藝術作品與藝術現象的後思；歷史哲學是對人類過去歷史的後思……以及等等。文化哲學的思想不在於設想未來文化的發展──那是文化行政的工作──雖然它所後思的洞見與智慧確實可能影響文化未來的發展，正如同一個人對於人生哲學的思考可能影響他往後如何過活一樣。

文化的「社群性」

「文化哲學」的前兩個特性來自於「哲學」，後兩個特性則來自於「文化」。文化的第一個特性，是它的「社群性」（sociality）。這個特性強調文化隸屬於人類社會群體，而不是單一

個體的產物。早在古希臘，亞里斯多德就說人是「政治的」(political) 動物。他的政治一詞來自於古希臘文的 πολιτικός (politikos)；名詞是 πόλις (polis)，意思是「城邦」。亞里斯多德的原意是：人是城邦的動物。從我們現在使用的語言來讀這句話，與其翻譯為人是政治的動物，不如翻譯為人是社群的動物。人類的社群性，使他們創造出遠多於個體的人所能創造出的事物總和。文化，就是一個社會群體所創造出來的產物。

由於社群多於所有個人的總和，因此哲學對於人的討論，只有一部分是就「個人」(individual) 來做討論，另一部分則是就「社群」(society) 來做討論。在《法國高中生哲學讀本》全系列裡，其中三冊是就個人來做討論：第二冊，就個人的道德行為，第三冊，就個人的主體性，第五冊，就個人對實在的認識，分別做討論；另外的兩冊則是就社群來做討論。其中的第一冊討論社群當中的政治關係；這一冊則討論社群的文化產物，包括語言、藝術、勞動與技術、宗教，以及歷史。

在這一冊的討論裡，文化哲學的課題牽涉到一個社群的文化與另一個社群的文化之間的關係，例如：我們可以說一種文化比另一種文化來得優越嗎？同樣地，就個別的文化產物而言，我們可以說一種語言、藝術、宗教，甚至歷史，比另一種語言、藝術、宗教、歷史來得優越嗎？任何一個國家或民族的優越論都需要一些可以感受、藉此激起全民感動的根據來支持，文化是其中最常被拿來支持的一個根據。然而，如果不同的國家或民族的文化是「不可共量的」(incommeasurable)，那麼，這些文化上的優劣評比就很有商榷的餘地。

文化的「人為性」

文化的第二個特性，來自於它與「自然」(nature) 的相對關係。我把這個與自然相對的特性稱為「人為性」(artificiality)。本書第三章所

討論的「藝術」(art)，與第四章所討論的「技術」(technique)，在古希臘文是同一個字：τέχνη (techne)，而它的意思就是「人為」。直至今日，西文的藝術一詞都有兩個形容詞，一個是偏向褒義的「藝術的」，一個是偏向貶義的「人工的」。例如法語的 artistique 與 artificiel，英語的 artistic 與 artificial，或德語的 künstlerisch 與 künstlich。這表示，藝術（與技術）的概念迄今無法脫離它（們）人為的含義。不僅藝術與技術是人為的，所有文化產物都是。在本書的第一章，文化被定義為「文明的狀態」，而「文明相對於自然狀態」。這就是文化的人為性。

文化的人為性使它陷入與自然之間「二律背反」(antinomy) 的關係：人類從自然狀態發展到文明狀態，究竟是墮落，還是提升？對於西方的盧梭或東方的道家來說是墮落，但是對於西方的康德或東方的儒家來說則是提升。這種二律背反的關係同樣出現在個別的文化領域裡：語言作為一種修辭，究竟是讓人忠實地表達思想，還是讓人達成欺騙的目的？藝術作為一種虛構，究竟是創造新事物，還是在構作虛幻？勞動作為心力的付出，究竟是人的自由的實現，還是人的受苦與異化？技術作為勞動精進之後的產物，究竟是對人類勞動的解放，還是使人類與他們的勞動更加疏離？宗教作為人類的信仰，究竟是最終極的真理，還是他們的集體幻覺？最後，歷史作為人類群體在時間上的過程，究竟是持續地進步，還是反而在退步？這些二律背反分別成為文化哲學、語言哲學、藝術哲學、勞動與技術哲學、宗教哲學，以及歷史哲學的主要爭議所在。自古以來，人類對於自己所創造的文化產物並不具有絕對的自信；哲學的折回與後思對它們產生兩極的判斷。讀者在閱讀本書時，會不斷看到這個爭議。

哲學的「折回性」與「後思性」，與文化的「社群性」與「人為性」特性，共同構成文化哲學的整體面貌，其中的折回性與後思性，構成文化哲學與其他哲學共同的形式面向；而

社群性與人為性，則構成文化哲學特有的內容面向。

文化哲學讀本的閱讀

最後，提醒讀者，《法國高中生哲學讀本》對於它所討論的五大哲學課題（I.主體、II.文化、III.理性與實在、IV.政治、V.道德）之間並沒有一個邏輯的次序，因此中譯本的全系列（I.政治、II.道德、III.自我、IV.文化、V.真實）也未按照法語原文版本的次序來編排。在文化哲學的這一冊，除了「文化哲學導論」作為第一章，其餘的五章，「語言」、「藝術」、「勞動與技術」、「宗教」與「歷史」，同樣也沒有一個邏輯的次序。因此，讀者在閱讀這一冊時，並不需要按照各章的次序來閱讀，而可以就個人的興趣安排閱讀的先後順序；甚至就個人的需要，只閱讀其中部分的篇章。

【推薦序】

文化的哲學思考
——從日常生活到最艱難的選擇

文｜陳妙芬（台灣大學法律學院副教授）

　　文化如空氣和水，在我們的身上，支撐生命與生活，無時不圍繞我們身邊，但卻總被忽略或誤解。這一冊《法國高中生哲學讀本》幾乎完整呈現了文化的所有內容，文化包含語言、制度、風俗、法律、道德、歷史、宗教、科技、藝術等內容，它們是個人和群體生命滋養的來源，同時也形塑個人和社會的價值，甚至建構身分與認同。

　　回溯西方的語源和哲學的脈絡，文化（culture）這個詞，最早出現於古羅馬時代西塞羅（Marcus Tullius Cicero）的《托斯卡拉論爭》（Tusculanae Disputationes），西塞羅在此書中論及「心靈的培養」（cultura animi），意指藉由發展哲學的心靈，能使人朝向自然的完善（natural perfection）。文化一詞，因此最初與個人的心靈或精神性創造有關，先有屬於個人養成的主觀文化，然後漸次形成團體或社會性的客觀文化。

　　十九世紀著名的社會哲學家齊美爾（Georg Simmel）在《貨幣哲學》（Philosophie des Geldes）中，就區分了主觀文化和客觀文化，一般常提到的文化遺產、文化資源或文化內容，多數是指客觀文化，像是語言、法律、宗教、道德、制度、歷史、科技、藝術等皆是，讀者可看到在這一冊《法國高中哲學讀本》文化篇書中對此有豐富的討論。「客觀文化」（objektive Kultur）是社會整體的一種表徵（或說是客觀精神的象徵），它以文化的形式和內涵不斷自主發展，不但不受個人意志的控制影響，反倒還會支配和形塑個人的選擇和意向，但這種結構性、支配性的力量還是有可能藉由「主觀文化」（subjektive Kultur）的創造性予以改變。所謂主觀文化，就是人／行動者表現於自我教養、修養、創作等的心靈活動，當主觀文化累積到了一定的程度，才有可能撼動客觀文化。

文化的哲學思考

　　那麼，到底什麼是文化？我們如何想像和把握它的內容，這就涉及了「文化內容」（cultural content）的問題。由於文化既抽象又具體，對於文化的哲學思考，過去偏重探討文化現象及改變的因素，這也是哲學家極感興趣、並充滿挑戰性的研究課題，像是這一冊《法國高中生哲學讀本》文化篇中引用盧梭名作《論人類不平等的起源與基礎》、康德的第三部批判《判斷力批判》，以及黑格爾晚期的《美學講稿》，都可見到哲學家提出的文化思考非常複雜和豐饒，他們將科學方法、道德學說、社會分析、歷史和世界觀鎔鑄成一套文化哲學。

　　儘管各家的文化哲學各有特色，但彼此還是有些共通的原理。許多著名哲學家不約而同指出，歷史經驗只是文化的表徵，但不是必然結果，對於既定的文化中的成見或價值，抱持冷靜的觀察、客觀的評價，並且盡可能感同身受地理解，這樣才有可能詮釋和批判各個時代特有的精神與物質成果。對哲學家來說，文化

代表了人文創造和累積的成就,但也是一切問題的開始。

盧梭提出最直接的問題,他指出文明發展使人墮落,而非進步,有了文明,不代表就有文化?文化與文明究竟哪裡不同?康德延續這個問題,認為文化是精神與道德的發展達到一定的程度,文明則只是物質發明與創造的進程,兩者當然大不相同。可是,我們如何斷定精神和道德的高度?誰又能制訂一套標準?尼采就抱持了這樣的文化懷疑論,當代研究更指出文化是多元與多樣的,可能遠超出我們一般所想像。在後尼采的時代,新馬克思主義哲學更致力於發展一套解釋文化的方法,例如法蘭克福學派提出「文化工業」的概念;而分析馬克思主義哲學家艾斯特(Jon Elster)把威權到民主的政治轉型,即一般所稱的轉型正義或歷史正義,看做是自古至今隨著政治專制結束的社會文化轉型,在新舊價值的衝突和替換中,新的文化也隨之誕生。

因此,文化並不是被描述的對象而已,任何對於「文化」的描述都有一個重要的來源——價值。文化的哲學,也是價值的哲學,我們觀看某一文化內容的角度,以及選擇接觸、消費、傳播、再製和創作的偏好,表現在我們對內容的描述與評價,其中甚至包含好惡和良善與否的批判。可見文化的哲學思考,也跟探討人的主體性哲學密切相關(更詳細的討論,可參閱《法國高中哲學讀本》第三冊主體篇)。要了解並影響一個人,就要試著探究此人的意識底下所潛藏的記憶刻痕,如佛洛伊德所言:「本我(無意識)的所在,才長出了此我。」("Wo Es war, soll Ich werden.")

「文化內容」的定義和詮釋

對文化哲學的興趣,不只是理論研究,國際上對於文化議題的重視,早已深入社會和政治的實踐,只是台灣教育體制尚未完全脫離威權和對立的意識形態,又長期被隔絕於國際社會,以致多年來國際上的文化組織和運動,以及國際間進展迅速的文化相關的研究,在台灣僅有零散或片斷的傳播,關於文化的哲學討論也較為少見。相對於世界各國和各地對於文化內容的關注討論,台灣確實發展較晚,也有很多是現在才剛剛起步的。這一冊《法國高中哲學讀本》,提供一個基礎的歐洲或世界的文化問題意識,能幫助我們進一步連結台灣的在地思考與國際視野。

像是國際間對於「文化內容」的討論,就很值得我們深思。「文化內容」涉及文化表達的基本權利,跟「文化身分」密切關連,根據2005年聯合國教科文組織第三十三次大會在巴黎通過、2007年正式施行的《保護及促進文化表達多樣性公約》第四條定義:「文化內容,指源於或表達文化身分的象徵意義、藝術層面及文化價值。」基於此,各國有權利及義務對於「文化表達」及「文化內容」的多樣性,加以保護和振興,例如德國參照歐盟法的《德國電影製作振興準則》,特別制訂了電影獎助政策中所謂的「文化內容」包括:使用德語、主要角色之一為德國人、運用德國象徵元素、取材於德國或世界歷史、表現藝術家或藝術類型、取材哲學或宗教世界觀議題、處理人民及少數族群生活形式、處理知識性主題或自然現象等。又如法國的《電影及動畫法》,它增訂符合文化內容項目的動畫遊戲免稅的規定,這些文化內容項目包括具有敘事性、使用法語及歐盟各國語言、取材自歐洲歷史或藝術遺產、藝術性的創新等。

這樣看來,文化內容包含廣泛,無論是在地的或外來的,只要有人在生活中具體實踐——從模仿複製到發明創意,都可能產出一定的內容,如喜愛做菜、用心琢磨廚藝,或愛好攝影、累積作品,寫作一篇小說、散文或論文,抑或馬拉松跑步的鍛鍊累積,無論文本還是行動的形式,基本上只要具有「源於或表達文化身分的象徵意義、藝術層面及文化價值」,即被肯認為「文化內容」。文化內容的

生成，從無形的腦中靈感，到有形的「作品」（work），這中間的脈絡和歷程，可長可短，可深可淺，可大眾可小眾，可主流亦可邊緣，可說包羅萬象，從日常飲食和酒藝，到稀有和急需被保存的文化資產、世界文化遺產等，都屬於文化內容。那麼，進一步的問題是，我們是否（或如何）能夠判斷某個文化內容的價值與高低？不同時代和社群對於藝術性與文化價值，看法經常南轅北轍，因此如何詮釋文化內容也是哲學重要的思考方向。

文化與美學方法

文化內容，源自人的創作與詮釋，在哲學的思考中，我們將文化內容看成「作品」，並從以下三個面向來分析與理解一個「作品」：語言、符號、形式。語言是人所使用的溝通和表達的媒介，符號是語言的形象化或象徵化，而一件作品最後得以成就的條件就是具備「形式」（form）。「形式」是一個頗古老的存有論的概念，自柏拉圖和亞里斯多德以來，「形式」與「存有」（being）就是經常被討論的哲學概念，有關兩者之間的關係，也是思考文化內容與作品最關鍵的一個哲學問題，在眼前這個讀本所呈現的內容中，讀者們可以嘗試發掘各時期哲學家對文化與形式的思考，並試著提出自己的看法。

文化的哲學思考，在台灣雖然還不夠普及，但隨著歐美日韓等國的文化內容在國際行銷，台灣政府和民間也亟思推動文化政策。除了先前提及聯合國教科文組織致力促進保護「文化表達多樣性」，近年還訂立了「世界哲學日」，各國與此相關的文化與哲學教育推廣，確實越來越蓬勃。假設德國人以「黑森林」為文化象徵，法國人以「勃根地紅酒」為文化產品，韓劇和日劇發展出各自特色、蔚為韓流或日系風，讓我們也來試著想一想，台灣有哪些文化元素及內容？在台灣如果談食衣住行的文化，例如關於飲食的「美味關係」，可能大家一

下子就有許多體驗，而除了珍珠奶茶和特色美食，我們的文化還創造了哪些東西讓人津津樂道？現在台灣正熱議的「文化台灣」、「文化治理」、「文化內容」、「文化元素」等概念，或許牽涉到我們的自我認知和表達？我們如何了解自己？如何培養判斷力及想像力？如何找回人與世界的聯繫？對於這些問題，仍有待我們大家一步一步地探索。

以哲學的用語來說，這些問題是關於：人如何感知文化現象？如何受其影響？如何可能將之轉化或改變？簡言之，就是人與文化之間有怎樣的「美學關係」（the aesthetic relation）？文化的哲學，也因此常被理解為「美學」（aesthetics），因為美學是探討「判斷力」（有時也被稱為審美判斷、鑑賞力等）的一門學問，讀者們將在這個讀本中，看到哲學家們如何提出美學的視野。文化與美學的視野，不完全只是哲學的興趣，事實上人類的社會實踐都與之有關。

文化的價值思考

最後，面對複雜又豐富的主觀與客觀文化，我們不妨用「美學關係」的概念，來分析文化與人的關係，這裡還須特別提到一點，即美學與倫理學有某種連繫，或者可把美學看做一門價值的哲學，注意到美學與價值或道德有關，有助於警覺對於文化內容或作品的感知與判斷，從來都與價值和道德的視角密不可分。簡單來說，當我們說出「我覺得……」時，就無形中涉及人的感官知覺，過去的經驗、理性抽象判斷，表現在「我覺得善、惡、美、醜……等等」的陳述當中。如果從美學一詞來看，它源自古希臘文aisthesis這個字，希臘文的美學一詞αισθητικός（aisthetikos）的字源aisthesis這個字，有感知和感覺兩層意義，感知是對於物體的知覺，而感覺是情感的投入。相對的，倫理學ηθική（ēthikē）的原意是習慣、風俗，這個字本來與道德沒有直接的關聯，直到西塞羅將它譯為moral之後，原來這個古希臘

文從此被加上道德意涵。但是由於 aisthesis 帶有感覺這一層意義，感覺跟主體的好惡有關，因此美學本身也包含好惡的情感判斷，而不只是對客體的知覺而已，所以審美也依賴某種規範性的條件。情感判斷本身帶有規範性，意指它雖出於個人好惡的自然感受（affection），但並不停留在主觀及恣意的感覺層次，它同時必須形成判斷。美學方法提供的分析工具，有一大部分就是用於釐清情感判斷的性質及作用。

透過美學的視野，新康德哲學家 Heinrich Rickert 為「文化」下了一個定義：「文化，為一切透過人與（其所承認的）價值之間的正面關係而產生意義的事物的總和。」這種理解文化的方式，保有康德以來主體性哲學對於文化的正面定義，可說是十八世紀啟蒙時期以來影響最深遠的文化思考。即使後康德時代至今，文化與美學方法有不少新發展，不過都還有延續價值思考的影子，如著名社會哲學家韋伯（Max Weber）認為文化就是「人從（不具意義的）無盡的世界現象中，用人自己發明的意義加以想像的有限片段」，這樣說來，文化完全屬於價值領域。無論各家見解如何分歧，可確定的是，透過哲學思考，我們知道面對日常生活的食衣住行與品味，甚至法律或政治上攸關道德的艱難選擇時，我們所面對的是「層層」的文化，而不只是單一個人的選擇而已。

Q：文化的多元性是財富？還是災難？

｜盧卡斯・馮・瓦勒
肯伯克（Lucas van
Valckenborch），《巴別塔》
（*La Tour de Babel*），1595年，
繪製於版畫地圖的背面，
英國倫敦美術館館藏。

當時所有人類還是團結一
致，他們建造了一座通往
天上的塔，接著人類的語
言就變得混亂，再也無法
相互了解。

1 | 文化哲學導論

Q1 文化是否使人脫離自然？

Q2 我們可以說一種文化比另一種文化優越嗎？

Q3 是否應該質疑文化的價值？

▶ 見第二冊〈幸福〉、本冊〈藝術〉

文化因差異而豐富

曼・雷（Man Ray），《非洲面具》（*Le Masque africain*），1926年攝影作品，收藏於耶路撒冷的以色列美術館。

一般看法	思考之後
某部分的人類是無法文明化的	人類文化以多元的形式呈現

就像「野蠻的風俗」、「原始的音樂」所傳達的，只有某些人類或社會擁有文明，社會也傳遞這類的觀點。在所有這些看法中，人們都能找到相同的假設：在某些族群與個體身上，我們還能找到人身上的原初的天性，像是「野蠻的孩子」或是「熱帶國度的野蠻人」。他們天性未經照料，也沒有文化，他們是未開化的人類。在好的情況下，人們會讚揚原始的生活方式，以及「高貴野蠻人」的幸福生活，因而呼籲「回歸自然」的生活。這些偏見是西方長久以來看待其他民族的眼光所造就的結果。

無論如何，人是透過教育才成為人。我們真的能夠辨識出所謂的原始天性，而文化則是加諸在這天性之上？人類從來不只是簡單的自然存在。自認為自己是唯一文明人，乃是用自身文化去比較那個想像中但並不存在的「自然人」，才得出這樣的判斷。某些文明對他而言顯得比較接近自然，是因為這些文明與他的文化較為疏遠。所以把自然與文明視為對立，長久以來阻礙人們理解到，其實人類整體都是文明的，只不過這個文化實現的道路是多元的。

如何以文化多樣性的觀點來思考文化？

從定義尋找問題意識

定義

> 文化表示文明的狀態，文明相對於自然狀態，是整個人類都歷經的過程。
> 文化展現在各個文化、文明的特定形式中，並屬於某個民族。

文明相對於自然狀態

在哲學與人類學的意義上，文化表示由人類在歷史中改造自然及其天性所產生的制度整體（家庭、法律、語言等），涉及技術的安排與配置，還有藝術及思想作品（科學、藝術、宗教等）。文化與自然相對，後者是生命之所以存在的條件，如同動物。動物無法藉由技巧、制度與規則而改變自己。

整個人類都歷經的過程

從這層意義上來看，所有人都是文化性的存在。即使人不一定都能成為有教養的人，無法達到擁有文學、科學與藝術文化的人文理想。

文化展現在各個文化、文明的特定形式中，並屬於某個民族

從民族學上比較狹義的角度來說，文化代表民族所有特性的整體，是這個民族的制度、儀式、語言、習俗等得以與其他民族區別開來所形成身分認同。文化在這裡成了複數：許多文化存在的事實以及文化多樣性，成了人類的根本現實。

定義提出什麼問題？

這個定義提出了，在人類之中自然與文化的關係。文化的概念只有在與自然的概念相對時才有意義。這個對立能否用來正確思考人類？第一個問題想知道的是，文化是否是加諸在人類的原始天性之上？另外，是否可能在人身上區分出自然與文化？但人們也可以自問，文化是否對自然造成阻礙？是否把人變成文明人卻失去所有的自然德性？▶ Q1：文化是否使人脫離自然？

我們也應該質疑，普遍的人類文明以及具體特殊形式的實踐，這兩者之間的關係。因為文化是多元的，人們可以自問，這些文化是否全部都達到同樣文明水準？人們對於文明又是否具有可靠的分類標準？該以什麼樣的態度面對文化多元性？人們是否應該滿足於每個文化是特殊的這種看法就好（就某種意義上來說，意味著文化是不可比較的）？還是我們其實能夠（或是不能夠）去肯定所有的文化都是有價值的？▶ Q2：我們可以說一種文化比另一種文化優越嗎？

問題思考

COURS

「共同體的權力取代了個人的權力是邁向文明決定性的一步。」
（佛洛伊德）

定義

幸福的生活（la vie bonne）是符合人類的生活。人是文化性與理性的存在，它不該只是滿足於本能，而是藉由工作與道德生活來獲得福祉。

Q1：文化是否使人脫離自然？

人類因為擁有生物遺傳的一切，所以屬於自然的存在。例如：我們身體的形態、皮膚與眼睛的顏色，都是我們自然的特性。但人也在歷史過程中經由後天獲得自身的所有特性，所以也是文化的存在。例如：人學習了直立行走、使用發音清晰的語言，或是製作工具。我們應該認為文化使人脫離自然嗎？這個問題有兩層意義：一方面，文化是否使其失去原有的自然天性？另一方面，「脫離自然」這個詞隱含著道德上的意義：人類在成為文明人的過程中是越來越好，還是越來越墮落敗壞？

1. 人類應該追求完善

當人類脫離了自然的掌控，似乎不如其他物種般具有優勢。對康德來說（▶見文本閱讀1-1，7頁），人類這種天生的弱勢卻因為擁有理性而得到相當的補償。某方面說來，理性給予人類所需的技巧，讓他得以自行創造自身所需的技術能力（動物則是從自然得到生命所有需要的能力）。另一方面，理性給予人類自由，這是生命受到本能支配的動物所沒有的。透過理性而來的自由，使人類具有道德的能力，並得以為其自身道德的完美而努力。這樣的人類天性的改變是正向的，因為文化使人得以擺脫自然存在者的最終目的——為滿足本能而追求幸福——並達到屬於這些自由存在者的目標：自己創造快樂生活與幸福生活的條件。

2. 文化讓人脫離了自然，從而使他無法嘗到自由的滋味

盧梭用全然不同的方式來分析文化。對他而言，文化投注在講究精緻、奢華的錯誤價值上，使人類失去了在自然中所擁有的自由與平等（▶見文本閱讀1-2，7頁），除此之外，文化甚至讓人無法嘗到自由的滋味。文化因此顯得模擬兩可：科學與藝術的進步反而使人類處於被奴役與道德敗壞的狀態。當人離開自然狀態，文明化的人便墮落了。例如：文明化的人因習於社會的奢侈享受與各種精緻講究而失去對簡單事物的感覺。然而我們不該扭曲盧梭的想法：他不是要棄絕文明的成就，他不是在宣揚重返自然，因為人類的本質是可變得更好的。他批判的是投注在錯誤且矯揉造作價值上的文明。

3. 要從人身上把自然與文化區分開來是不可能的

梅洛－龐蒂提醒我們，不可能從人身上區分自然與文化（▶見文本閱讀1-3，8頁）。我們不只在思想與情感的外在表現是文化的（也因而是多變的），就連情感本身與身體在各種情況下所接受的生活方式也是文化的。例如：日本人生氣的表現不同於法國人，也不會有完全

相同的情緒。因此對所有人類而言，沒有所謂的「人類共同天性」，也就是不存在那種由多變且表面的文化所覆蓋的深層結構。所以說文化並沒有使人脫離自然，因為在人類與世界的關係中，人類的天性永遠脫不了文化制度。此外，要在道德或是物理方面追尋自然狀態中的人類似乎是徒然的，更遑論要建造一種模型典範。

Q2：我們可以說一種文化比另一種文化優越嗎？

當我們遇到一些不同於自身的風俗、信仰以及制度時，第一個念頭就是對它們提出判斷——但實際上，這個判斷已經預設我們自身的文化較為優越。但即使這樣的偏見本來就該揭露，我們也不應該倉促下結論，認定所有文化都有價值、都值得獲得保存。

1. 文化多樣性難以受到肯認

我們可能理所當然認為，有人類生活的地方，就存在著有文化的人。然而並非總是如此：長久以來，當歐洲人接觸到其他大陸上的民族時，都將他們當作「自然的人」或野蠻人，因為歐洲人認為自己的文化是唯一文明的類型。就算是現在，我們不也是還拒絕承認其他風俗，自我說服著自己的生活方式是最好的？蒙田嘲笑我們總是認定自己的風俗習慣比其他人來得完美（▶見文本閱讀2-1，9頁）。李維－史陀的看法與蒙田相同，他說：「野蠻人是那相信野蠻存在的人。」

2. 文化相對主義在今天是受到認可的

二十世紀的人類學者將特別彰顯自身文化價值的傾向稱作「種族中心主義」。他們指出，人們不可能對某種文化做出客觀的價值判斷，因為所有的判斷都必須使用標準，卻沒有能夠中肯適用於所有文化的普世性標準。例如：技術與經濟的發展並非文明獨一無二的標準（▶見文本閱讀2-2，10頁）。這也是為何人文科學等具有見地的主張，將文化相對主義樹立為無可爭議的原則：這個主義又回過頭來宣稱，沒有哪種文化優於另一種文化。這個原則也在文化越來越多元的社會中具有重要的道德意義：它使人們對文化多樣性更加開放，更能包容不同的風俗與信仰。

3. 文化或多或少都與歷史的演變相關

文化相對主義在抵抗種族中心主義、種族主義與殖民意識形態的偏見上，是有實效的思考方式。它使我們意識到各種瀕危文化的價值以及加以保存的必要性。然而，每種文化與傳統的所有事物都需要完全保存嗎？所有文化都無法脫離歷史的變遷，只要瑟縮在自

關鍵字區分

客觀（objectif）／主觀（subjectif）

主觀是描繪出具有個人意識之主體的知覺、想法、情感的特徵，因此可能隨著個人而不同。例如：我對一種語言的美感是主觀的。相反地，客觀表示物的特性。例如：某個城市的汙染或是某個社會成員的平均壽命就是客觀事實。

定義

文化相對主義（le relativisme culturel）是一種原則，根據這個原則，一般而言人們不可能對一個文化做出普遍適用的價值判斷，因為任何判斷都是評斷者基於自身文化所做出的相對判斷。

定義

殖民意識形態（L'idéologie coloniale）指的是殖民強權的成員，由於自身強烈優越感，對被殖民的人民及文化所形成的整體表現。這些表現，凸顯出被殖民者的異質性以及異國情調，是對被殖民者全面性的貶低。

身內部都會弱化。任何文化越是與外界接觸，就越會向其他文化借鏡，也就越有機會成就偉大的文明。反之，故步自封且固守傳統的文化，就越脫離普世歷史的發展，而且不會演進（▶見文本閱讀2-3，11頁）。文化永遠都是傳統與進步力量衝突的焦點。關心文化保存必須在與社會進步間的考慮取得平衡。

Q1：文化是否使人脫離自然？

當人類被定義為文化的存在時，意指什麼？意思是，當人變得文明之後，究竟是完成了他的天性，還是失去了原本天性中的美德？

哲人看法

TEXTES

人類必須由己身創造出一切

文本閱讀 1-1

康德

依曼努爾·康德 Emmanuel Kant
1724-1804

康德開展出一種人文主義式的典型想法：人類是不太受自然寵愛的生物。他要反過來耕耘自然，並使自然變得更完善：這就是文化的工作。這種想法在古代普羅米修斯的神話中就已經存在。

大自然期望人類完全憑藉己力產生超出其動物性存在的機械安排的一切東西，並且除了不依靠本能、憑藉自身理性所獲得的幸福和完滿性之外，人類不享有其他的幸福和完滿性。亦即，大自然不做多餘之事，在使用手段達到目的時，大自然也不浪費。既然大自然賦予人類理性和以此為基礎的自由意志，這就明確表示了大自然有關人類配備的意圖，亦即：人類不應由本能來指導，或是由與生俱來的知識來照料和教導，與之相反，人類應當憑一己之力生產一切。人類攝食方式、蔽體衣物、外部安全和防衛之發明（為此目的，大自然既未賦予人類公牛之尖角、亦未賦予人類雄獅之利爪、更未賦予人類猛犬之獠牙，大自然僅僅賦予人類雙手）、一切使得生活得以舒適的逸樂、甚至人類的洞識和聰慧，乃至於人類意志的良善，全部都應當是人類自身的產物。在此，大自然似乎自得於其極度的節約，根據起碼生存的最高需求，估算其剛剛好的動物性配置，這就彷彿大自然指望，當人類有朝一日能夠從其最野蠻的狀態努力爬升到最大的技巧、思想方式的內在完滿性，並且由此獲得（世間最大可能的）幸福時，人類可以單獨居功，只消感謝他自己：彷彿大自然更加在意的是人類理性的自尊，更勝於人類安逸的感受。

康德，《世界公民觀點下的普遍歷史理念》，命題三，根據原文校譯。

定義

> 內在的（Inné）指的是天生就存在我們身上的。例如：本能是一種知道什麼該做，或什麼該避免的內在直覺。內在的與後天的（l'acquis）相反，後者指的是所有人類透過他自身的作為所獲得的。例如：語言是文明的成就獲得。

文明人失去了自由

文本閱讀 1-2

盧梭

尚-雅克·盧梭
Jean-Jacques Rousseau
1712-1778

人類在文化上的成就，可視為人類脫離自然的過程。對盧梭而言，人類在文化中失去了自由以及自然的幸福。

如同未被馴服的馬一接近馬銜就豎起頸上鬃毛、用腳踩地，急於掙脫，而被馴服的馬匹耐心地忍受馬刺與馬鞭的驅策；野蠻人不向桎梏屈服，而文明人則身戴枷鎖卻毫無怨言，野蠻人寧願選擇暴風雨中

的自由而非安逸中的屈從。因此，不應該根據被奴役人民的卑微狀態來斷定人類的自然天性是傾向屈服或是反抗奴役，而應該根據所有自由民族為了反抗壓迫的非凡事跡來判斷。我知道前者只會不斷地吹噓在鐐銬下所享有的和平與安靜，這最可悲的奴役形式他們稱之為和平（miserrimam servitudinem pacem appellant）[1]。但當我看到另一種人犧牲享樂、安逸、財富、權力甚至是性命，只為了保存這唯一的財產 [自由]——卻被已失去這財產的那些人所鄙棄。當我看見生而自由的動物，因厭惡[2]被囚禁而對著監獄欄杆撞破頭；當我看到成千上萬赤裸的野蠻人鄙視歐洲的安逸生活，而甘冒飢餓、砲火、刀劍與死亡只為了保有他們的獨立時，我覺得輪不到由奴隸來辯論（何謂）自由。

1 | 引自塔西陀（Tacite）《歷史》（Histoires）。
2 | 源自動詞「abhorrer」，也就是恐懼、憎恨。

盧梭，《論人類不平等的起源與基礎》，Flmmarion 出版社，1775 年，223 頁。

Q：盧梭透過什麼樣的修辭想說服我們文明人失去了他與生俱來的自由？

Q：對你來說，文明人獲得了哪一種好處，可以用來證明他犧牲與生俱來的自由是有道理的？

文本閱讀 1-3

梅洛—龐蒂

莫里斯・梅洛—龐蒂
Maurice Merleau-Ponty
1908-1961

人類的天性不存在

對梅洛—龐蒂而言，不可能從人身上區分自然與文化。不應該以為文化是堆疊在自然之上的。

一個日本人與一個西方人對憤怒與愛的表達方式是不同的。更精確地說，表達方式的差異涵蓋了情緒本身的差異。這不只是因為姿勢動作相較於身體構造來說是隨意的，而更是面對情境的處置與生活於其中的方式。日本人生氣時微笑著，西方人面色漲紅且跺腳，或是臉色發白，發出噓聲。兩個有意識的主體儘管擁有相同的器官與相同的神經系統，仍不足以讓同樣的情緒在兩者身上產生同樣動作。重點是他們使用身體的方式，是他們在情緒中身體與世界的同步。身心機制留下了無數開放的可能性，而這裡不再有本能上永遠不變的人類性。[…]生氣時會喊叫或是在相愛時親吻[1]，並非特別自然或是特別不符習慣，如同桌子被稱做「桌子」一般。感情與帶情緒的行為是如同文字一樣被發明出來的。即使是那些，如同父親身分似乎是嵌在人類的身體之中，但實際上卻是制度。[2] 不可能在人類身上先疊上一層我們稱之為「自然的」行為，以及再疊上一層文化的世界或是人為製造的精神世界。在人身上的一切都是被製造，一切也都是自然。

關鍵字區分

偶然（contingent）／必然（nécessaire）

偶然：沒有什麼可以決定一個事物會成為現在之所是。例如：喪禮的顏色可以是黑也可以是白。
必然：一個事物變成現在這個樣子，是被決定的。例如：人的死亡是必然的。

1 | 我們知道親吻不是日本的傳統習俗。
2 | 「在特羅布里恩群島（Trobriand，屬於巴布亞紐幾內亞）的本地人中，父親身分的概念不普遍。孩子在母舅的管理下被養大。」馬凌諾斯基（Malinowski），《原始心理狀態中的父親》。

梅洛—龐蒂，《知覺現象學》，1945 年，Gallimard 出版社，220-221 頁。

Q：解釋作者的理念：「表達形式的差別也包括情緒的差異」？

> **從文本到論證──文本閱讀 1-1、1-2、1-3**
> **命題：**「就人而言，談論反自然的行為是否有意義？」
> 對於人們所譴責的習俗，人們常會說那是「違反自然」，就如同人們也常說「自然是好的」或是「自然教導我們什麼是該做的」。請你找出這個問題的假設並加以思考。

Q2：我們可以說一種文化比另一種文化優越嗎？

認為一種文化比另一種文化優越似乎是有爭議的。那些指控他者野蠻的人並未反求諸己。另一種立場就是文化相對主義，認定所有文化都有價值。在種族中心主義與相對主義之間，有可能對各個文化的價值提出中肯的評價嗎？

野蠻人不是我們所想像的

> **文本閱讀 2-1**
> 蒙田
>
> 米歇爾・德・蒙田
> Michel de Montaigne
> 1533-1592

蒙田聽聞有人談論巴西存在著食人族。他認為與其懼怕這種習俗，應該將它作為一面鏡子以對照出自己國內的犯罪行為，並讚揚這些所謂「自然」的民族。

然而，根據別人對我轉述的，如果每個人只是將不符合自己習慣的事稱為野蠻，我並不覺得在這個國度有任何野蠻與未開化的人；的確，似乎我們並沒有對真理與理性的另一種標準，而只有我們所身處的國度中的看法與慣例的例子與觀念。在那裡，永遠是完美的宗教、完美的政府、一切事物都是完美且善盡其用。他們是野蠻的，如同我們將自然就其自身並在一般的過程所生產的果實稱之為野生一樣：不過事實上，是那些透過我們人為所改變且脫離一般正常秩序，按照理性的規則，我們才稱之為野蠻，但不是相對於我們，我們一切的野蠻行徑都超過他們。他們的戰爭是相當高貴且勇敢的，可以給人類這一病態加上什麼藉口遁詞和溢美之詞，也都可以加諸在他們的戰爭之上。人類的病態，除了忌妒這唯一的起因之外，沒有別的起因。[1]

蒙田，〈食人族〉，引自《蒙田隨筆》，1580年，第一卷，第31章，PUF出版社，205-210頁。

| 1 | 蒙田這裡所說的是，他們的戰爭不是因為強盜或是領土爭奪所引起，而是服從於高貴的動機，去體驗勇敢與美德。

理解命題的論據——文本閱讀2-1

命題：「人們總是把不屬於他們習慣者稱為野蠻」。

論據一：那些人之所以被稱為野蠻與粗野，只是因為他們與我們見識不同。

論據二：野蠻應該是要拿來稱呼我們的習俗，指的是因文明而偏離了自然的我們，而不是那些還處於自然生活型態中的不同民族。

論據三：即使他們的戰爭遵循著某些高貴的動機，他們之所以被認為是野蠻人，是從完全理性的人類理想觀點來看，而非相對於我們來看。

確實理解了嗎？ 我們的習慣與習俗是評斷道德上善與惡的唯一標準嗎？

文本閱讀 2-2

李維—史陀

克勞德・李維—史陀
Claude Lévy-Strauss
1908-2009

評斷的標準是相對的

我們會把「原始」二字冠在迥異於我們的社會，因為我們用「技術發展」作為唯一的標準來衡量他們的文化。

從近二、三世紀以來，西方文明已經完全轉向讓人類可以使用越來越強大的機械工具。我們若採用這個標準，人們將會以每人平均可支配的能量作為人類社會的發展程度高低與否的表現。西方文明，以北美的形式來看名列前茅，再來是歐洲社會，看不到車尾燈的是一群不易區分的亞洲與非洲社會。然而，當我們用剛剛提到的方式來看待這些數百或甚至是數以千計被我們稱做「發展不足」及「原始」的社會，被建立在一個混亂的整體之上 [⋯]，它們各自被放在相悖的位置；根據採取的觀點，我們或許會得出不同的分類。

假使採用的標準是戰勝最惡劣地理環境的能力來畫分，毫無疑問的，一方是愛斯基摩人，另一方則是貝督因人 (Bédouins)，他們各自就會獲勝。印度比任何其他文明發展出一套更好的哲學—宗教系統，而中國則發展出一種生活方式，得以減緩因人口失衡而引發的心理問題。十三個世紀以前，伊斯蘭已建立起一切人的生活方式之間的連帶關係：技術、經濟、社會、精神，而西方則到了晚近，才在馬克思主義思想中的某些面向中找到 [⋯]。西方，機器的主人，表現了人體這個最高階機器的使用與能力上相當基礎的知識。相反地，在這方面，如在身體與心理關係的層面上，東方以及遠東擁有比它進步幾千年的程度。

定義

種族中心主義是以自身的文化為標準來評斷其他文化，認定自身的生活方式比其他各種生活方式來得優越。

李維—史陀，《種族與歷史》，1952年，Les Belles Lettres 出版社。

Q：歐洲與北美洲文明強調何種標準來斷定自己比其他文明先進？為什麼這是種族中心主義？

Q：李維—史陀的思考方式是否與蒙田有所不同？

接觸有助於文化創新

文本閱讀 2-3

萊里斯

米歇爾‧萊里斯 Michel Leiris
1901-1990

不再有所謂純粹的種族，也不再有純粹的文化。文化隔離與缺乏接觸妨礙了改變與進步的動力。

儘管沒有任何文化是一成不變的，但必須承認，在人口密度高的情況下，該相關群體獲得新的發展的條件較好。不同個體之間的大量接觸，對每個人來說都是精神生活較為頻繁的原因。另一方面，在這些數量較多也密度較高的群體中，有可能——如法國社會學派創始人涂爾幹所指出——造成較細的分工；這些工作高度專業化不僅伴隨著技術的精進，但也導致這些群體的成員們分散到不同的社會階層中，在這些社會階層之間也不乏發生緊張或衝突的情事 […]，這也遲早會引發既有文化形式的改變。在同樣結構複雜的社會中，每個個人都會面臨各種不同情況而迫使他的行為進行革新，改變傳統的回應方式以適應他所遭遇的複雜經驗。

同樣地，當一個民族越不孤立，當它越對外開放，越有機會與其他民族接觸 […]，這個民族的文化越有機會演進，因而會更豐富，不管是透過直接的借用，還是由於其代理人們獲得更多樣的經驗，以及由於他們發現因應前所未見的情況的需求。

| 史都華‧法蘭克林（Stuart Franklin）攝影照。肯亞奈洛比，賽馬俱樂部，1988。

萊里斯，〈種族與文明〉，出自《科學下的種族主義》，1951年。Gallimard與聯合國教科文組織，1973年，76頁。

Q：米歇爾‧萊里斯如何解釋文化的發展，以及人口因素在這個過程中如何扮演著重要角色？

Q：在什麼情況下，「與其他民族接觸」可以使一個文化演進？

進階問題思考

PASSERELLE

Q3：是否應該懷疑文化的價值？

▶見第二冊〈幸福〉、本冊〈藝術〉

文化是否是不幸的源頭？

早在盧梭的時代，對文化的批判就是敏感議題，到了二十世紀更成了核心議題。佛洛伊德指出了文化如何成為文明化之人的焦慮、煩惱與不滿（▶見文本閱讀3-1，12頁）。但是，當人們看到文化並不能阻止種族屠殺的發生，才是對文化信賴崩解的主因。在奧辛維茲集中營的屠殺後，人們還能相信文化的價值嗎？（▶見文本閱讀3-2，13頁）

| 集中營內由某個女人所指揮的樂團，素描，無名氏，1943年。

文本閱讀 3-1

佛洛伊德

西格蒙德・佛洛伊德 Sigmund Freud
1856-1939

文明是苦惱的根源

西方人如此自傲的文明，使個人面對了一種非常高標準的道德理想，並要求他們放棄去滿足自己最強烈的衝動。文明的形成本是為了降低人類可能做出的惡，卻反而成了痛苦的根源，而人類也變得對文明充滿敵意。人類可能透過技術來滅絕人類，更加深了這苦惱。

我們掉入一種令人如此訝異的論斷之中，以至於我們必須要停在這裡討論。這個論斷主要立基於我們所謂的文明必須為我們的苦惱負起很大一部分責任；這個論斷並認為假使我們放棄這個文明並重新找回原始的生活模式，我們會比較幸福。我之所以將這個論斷認定為令人訝異的原因是，不管最後以什麼方式來定義文明的概念，毫無爭議的，不論我們透過任何作為來保護自身免於不同痛苦來源的威脅，這些作為就是屬於上述文明的一部分。

佛洛伊德，《文明及其不滿》，1929年，Seuil出版社，「Points」系列，頁80。

Q：重返「原始的生活方式」可以使我們更幸福，這種想法的根據是合理的還是虛幻的？

「*在奧辛維茲之後，我們再也無法寫詩了。*」

　　阿多諾也試著衡量奧辛維茲的影響程度與意義，來看文化的概念。對他來說，文化本身在集中營中遭到滅絕，若是認為文化能夠浴火重生，彷彿什麼也沒有發生過，就是一種幻覺。

　　我已經準備好承認，正如我所說過的，在奧辛維茲之後我們再也無法寫詩了。藉著這句話我想指出的是這復甦的文化令我感到空泛，另一方面，人們說應該要寫詩，如黑格爾在《美學》中所寫道，人之中一直存在著受苦意識，也應該要有種藝術作為這個痛苦意識的客觀形式。上帝知道我無法宣稱隨著這種痛苦意識的二律背反而終結，不能只是簡單的認為我在這樣的二律背反中我自身的衝動會將我帶向藝術，而人們卻錯誤的指責我想要抑制藝術。

　　　　　　阿多諾，《形而上學——概念與問題》，1965年。Payot出版社，2006年，164頁。

Q：作者說我們無法再寫詩，卻又說我們必須繼續寫。這是否自相　矛盾？

從文本到論證——文本閱讀 3-1、3-2
從這兩篇文本出發，思考這個問題：藝術作品是否為文化的產物，還是對文化以及文化可能引發的不幸的反抗？

延伸思考

OUVERTURE

Q：是否應該將「野孩子」視為早於任何文化的人性？

電影：《野孩子》，弗朗索瓦・楚浮（François Truffaut），1969 年

| 維克多在阿維隆森林中。

| 維克多獲得伊塔醫生的教育。

只要人們想透過這個孩子目前的心性評論他過往的生活，我們當然就會拿熱帶國家中某些未開化的民族做參照，這個孩子只知道下列四件事：睡、吃、無所事事以及在田野間奔跑。因此應該要按照他的方式使他快樂，讓他在一天結束時就入睡、按他的口味提供他豐富的食物，尊重他的懶散並且陪伴他散步。[…]一天早晨下起了大雪而他仍在睡，睡醒的他發出一聲興奮的尖叫，離開床，跑向窗戶，然後跑向門邊，一次又一次迫不及待地來來回回，衣服穿到一半就跑去花園中。在哪兒，發出最尖銳的喊叫聲來表達他的喜悅，他跑著，在雪地中打滾並用手掌抓起雪，貪婪地吞食著。

伊塔醫生，〈論文：阿維隆森林的維克多的初步發展〉，1801年，摘自呂西安・馬勒松（Lucien Malson），《野孩子們》。文集。「10/18」系列，1964年，142-143頁。

背景

「阿維隆森林的維克多」就是我們口中的「野孩子」。十九世紀初，他被發現在森林中遊蕩，伊塔醫生負責教育他並引導他成為文明人。楚浮在1969年改編伊塔撰寫的論文拍成電影《野孩子》。

人類無法重新找回的本性

伊塔醫生的教育方式似乎受到康德思想的引導:「人類要透過教育才成為人。」換句話說,他的本質要透過文化陶成。孤立、被剝奪教育的孩子所展現出的根本不是人類的本性,而是一種異常。人類的本性不是天生賦予的,是後天養成的。

異常的孩子或野孩子

自從人的科學(人文科學)或是人類學問世後,就一直具有矛盾的面向,因為這些學科把阿維隆的野孩子與熱帶國家的野蠻人視為未開化的人類文明。有趣的是,對「野蠻」的想像是如何再被帶到科學論述中呈現。

練習:對事實的描述難道與我們所認知的表象毫無關聯?

1. 在對維克多的描述中,何者令人想到動物的行為?

2. 在這段文本中,哪部分呈現出對事實的客觀觀察?哪部分又顯露出醫生所認知的表象?

哲 學 時 事

Q:自然與文化的對立是文化性的嗎?

著有《超越自然與文化》的當代人類學家菲利普・德科拉(Philippe Descola),他的思考要對抗的是我們的無知與種族中心主義式的偏見,此外,他也再次提出我們對自然與文化的區分本身也是文化性的,而且對某些社會來說其實毫無意義。

問:您曾在赤道的吉瓦侯阿侼族的聚落中居住了三年。請問這段生活經驗如何引發您思考自然與文化之間的關係?

答:這的確深深改變了我的生活以及研究工作的視角。某個早晨,當你起床時,接待你住宿的人告訴你在他夢裡有一株木薯跟他說話。接著,你會發現他不是唯一夢見這個具有意向性自然事物的人。阿侼族人起得很早,大約清晨三點,然後會聚集在火堆前,根據他們夢見的事物,來決定當天要做的事。奇怪的是,夢見捕獲一隻魚對前往打獵是好兆頭,而夢見殺死一頭野豬則對捕魚是

亞馬遜地區阿佾族的印第安人，藉由觀光業來保存文化。2010年。

好跡象。就是這些奇異且反覆的夢境讓人操心且忙著解讀，當然還有人們不斷傳唱的神奇咒語，這些咒語是作為人與非人類之間連接（交流）的工具。例如：你可能不在我的視線範圍內，但是為了要影響你，我會在心裡唱誦某個旋律來影響你的決定。

問：人類學之所以存在，難道不就是為了解釋這些情境？
答：絕對是。但即使是人類學家也可能忽略這個基本的問題：為什麼我們西方的看法會比他們的看法來得有道理？吉瓦侯族人並不將自然與文化區別開來，他們把西方人認為只屬於人類的特性賦予給自然。當我發現這個現象，我便開始對現代人的這種二元論觀點提出了質疑。

問：二元論（二元對立）是很晚近的事……
答：是的，自然的概念要到了十七世紀才形成，即使在盧梭的時代，自然與社會的對立都還不存在。我們今天所理解的文化概念歸功於十九世紀的德國。社會學者諾貝・埃利亞斯（Nobert Elias）在《文明的進程》（*Le Procès de la Civilisation*）一書中清楚指出日耳曼對啟蒙時代哲學所提倡的普世主義之廣大反抗。確切來說，德國在當時還不是個國家，仍在尋求自我認同。語言當然是必要，但宗教、習俗、共同歷史才同時得以讓德國民族定義自身的特殊性。然後，這個概念越過大西洋，在人類學先驅之一的法蘭茲・鮑亞士（Franz Boas）的主導下，於美國蓬勃發展。認為某方面有一個自然世界，而另一方面，則有著適應於這自然環境下的多樣文化世界，這種在西方廣為流傳的概念就是由此而來。我把這稱為「自然主義」。

問：但是針對文化與自然的區隔提出質疑，難道不危險嗎？畢竟，人
　　類也由於這個區分而有了進步……

答：不是要消滅這個區分，但我們應該提醒還有其他同樣值得相信的
　　體系存在，而我們也只能透過領會這個社會的思考模式才能加以
　　理解。西方人把人類當作是有別於其他事物的個體，因為他有一
　　種意識、一種我思（cogito）、一種內在性。但是，從純粹物理的角
　　度來看，人類與其他事物並沒有區別，因為他（她）的身體一樣
　　屈從於化學與物理原則之下。例如有生命與無生命的存在都同樣
　　受制於地球的引力。對西方來說，在內在性（精神或意識）方面
　　有著不連貫性，但是與自然在物理上是連貫的。泛靈論者以及吉
　　瓦侯族正好是完全相反的例證。植物與動物都被視為「人」，所
　　擁有的內在賦予了他們一定的感受性，甚至是社會生活……但是
　　從物理學角度來看，他們之中的每個個體都具有獨特的身體，擁
　　有特定的生物性本領，讓他得以進入特定的世界中。魚的世界、
　　蝴蝶的世界、巨嘴鳥的世界……而這些世界，例如在夢裡，能相
　　互溝通。

問：今天人類學的挑戰為何？

答：與以往相同，也就是說要能跳脫既定思考模式的世界。[…]對他
　　者的認識應該要能讓我們從日常的束縛中解放，並且讓我們思考
　　到其他不同的未來是可能的。

菲利普・德科拉訪談錄，「理解中世紀」專題，
《觀點》雜誌，第36期，2011年11-12月。

反思時事的哲學問題

為了處理「應該要掌控或是尊重自然？」這個問題，以上這
篇訪談錄有助於你思考自然與文化之間的對應關係。

1. 在西方，自然與文化的對立從何而來？為什麼印第安的阿
　 侉族人將植物與動物視為人看待？

2. 在西方概念下的自然，人們會因此變得尊重自然，還是因
　 此停止區分文化與自然呢？

四大世界觀

菲利普·德科拉根據不同人類文化所建構的內在性（精神、意識）以及內在性與物理性（物理與身體的實在）之間的關係，把世界觀分成四類：

泛靈論	自然論	圖騰論	類比論
泛靈論就是認為植物、動物、物體本身都具有像人類一樣的內在性，例如，吉瓦侯的女性將她們種植的植物當作她們的「孩子」；另一方面，這些植物並不與人類擁有同一種物理現實，而是各自擁有自身的世界（與我相似的內在，但不同的生理性）。	自然論是我們對世界的認知：它與泛靈論相反，它對自然有一種一致的看法，並趨向於消除其精神性（靈魂）或將之簡化為一種自然現象。在其他自然存在與人類之間沒有連續性，而且只有人類擁有內在性（內在不連續但生理上連續）。	圖騰論將世界歸類為分享相同性質的不同群體，這些群體，或是部落，都包括人類與非人類。他們都應該享有同樣的生理特性與相同的心理特徵（具有內在與生理上的連貫性）。	類比論與圖騰論相對：所有世界上的存在物都是不同的（內在不連續，生理上也不連續），而且類比論就是透過不同的連結性或不同的階層化讓存在物相連，例如，透過思維有著一連串觀念性的存在。

哲學練習

———— ✛ ————

EXERCICES

練習1

1. 「文化」這個詞是矛盾的，根據如下的用法與表達來定義它屬於
   哪種語域 [語意範圍]：哲學語域（根據普世性的方式，以自然
   的對立面來定義文化），或社會學及人類學語域（將文化的特性
   定義為建構一個群體的身分認同）：
   a. 文化部長
   b. 農民文化
   c. 體育文化
   d. 布列塔尼人的文化

2. 我們會自然而然地說中國文化或是中國文明嗎？為什麼？

練習1試答

1. 「a」與「c」的選項反映出文化上的哲學涵義。事實上，文
   化在這裡表示一種普遍的實在：是人類開發大自然時加諸
   在它之上的。「b」與「d」選項則反映出文化上的社會學
   涵義：在這兩種表達上，文化這個詞表示屬於某個群體的
   特殊實在。
2. 人們會很自然地說中國文明（civilization chinoise）而不是中國文
   化（culture chinoise），因為文明表示這種文化達到了某種人口標
   準的門檻，而得以與其他文化有所區別並創新。另一方面，
   文明不是自我封閉的文化，而是得到許多文化帶來的益處。

練習2：分析日常生活中的例子▶見第一冊〈社會〉

　　在以下四種音樂類型中，找例子來回答問題：古典樂─爵士樂
─流行音樂─饒舌樂。

1. 掌握某種音樂文化是什麼意思？表示盡可能認識這四種音樂的歌
   曲與音樂，或只是認識其中的某些類型而已？養成音樂品味就能
   夠欣賞所有這些類型的美妙音樂嗎？
2. 續上題，你問問自己：基於什麼樣的理由，你會認為古典樂是優
   於饒舌樂的音樂形式？我們可以合情合理地談論大眾文化，或是
   我們能夠將大眾文化的形式視為比「高級」文化來得低下嗎？
3. 更基本的思考：文化是否高於社會的劃分？或是本來就存在多種
   文化如同多種社會族群？

論文寫作練習：根據這個題目建構出問題意識：「文化是造成人的
分歧還是人的團結？」

練習2試答

1. 人們須將文化與博學區分開來。例如擁有音樂文化，並不等於知道幾乎所有的歌曲，而是養成了品味與能力去欣賞美妙的音樂。當我們將知識變成自身的一部分，不只是知道，而是內化受到陶成，知識才可能是屬於文化層面的。

2. 人們在這裡操作文化這個字的不同涵義。例如社會學涵義中，音樂文化與社會地位關係緊密，也因此帶著階級的分類。如同人類學家，社會學家盡力地使人認同所有形式的音樂都擁有相同的文化尊嚴，而同時，沒有任何文化形式、任何種類可以宣稱自己比其他文化優越。

3. 一位社會學家可以支持單一文化不存在的論點，以及文化種類如同社會群體一樣多，並且都一樣有價值。反之，人們可以撇開社會學的觀點不談，直接考慮作品的內在價值。如此一來，人們較容易同意，某些普遍被視為傑作的作品，的確較易令人喜愛、且容易養成品味並受到評價。若考量到這第二種看法，我們將會發現，例如，品味這件事，即使一開始帶有我們所屬階級的屬性，卻可能因為頻繁接觸作品而受到養成與發展。我們可以欣賞歌劇，同時也是工人，如同我們可以喜愛相撲，卻不一定要身處在日本文化中一樣。

練習3：組織一個有論據的辯論

根據蕭伯納（George Bernard Shaw）的這句話來組織辯論：「所謂專家，就是對越來越少的事物懂得越來越多的人，以至於到最後，他們最知道的是，那個什麼都不存在的東西。」。

這句俏皮話點出了一個真正的問題，柏拉圖也提過：「何謂知識？難道我們只知道某個事物就可以自稱有知識的人？我們應該等待他告訴（informe）我們[什麼是知識]或是等待他為我們形塑（forme）知識？在專業人士與專家濟濟的年代，一般的文化是否仍有一席之地？」

將你的思考以辯論的方式呈現，並在辯論中指出知識專業化的優點以及其中的問題。最後，請你指出一個健全的一般文化在根本上如何能夠回應科學與技術專業化的問題。

練習4：文本思考 ▶見本冊〈歷史〉

人類文明不斷受到兩種矛盾的進程所掌控，一個傾向於建立一統性，另一個則傾向於維繫或是重新恢復多樣性。[…]在受到單調與一致性威脅的世界裡，保存文化多樣性的必要有賴國際性機制。這些

機制也明白，為了達到這個目標，只有珍惜在地傳統並且暫緩時間的流逝是不夠的。該保護的是多樣性的事實，而非每個時代[各自]所賦予的歷史涵義，且沒有任何時代能夠超越自身的時代而一直留存下去。

李維─史陀，《種族與歷史》，Les Belles Lettres。

a. 理解

你如何理解這個句子：「該保護的是多樣性的事實，而非每個時代[各自]所賦予的歷史涵義。」

b. 思考與討論

從這段文本請你反思：保存文化多樣性是否等同於鼓勵維持一切傳統。

綜合整理

定義

文化表示文明的狀態，相對於自然狀態，是整個人類都歷經的過程。文化展現在各個文化、文明的特定形式中，並屬於某個民族。

提問 Q1：文化是否使人脫離自然？

癥結

文化是否是加諸在人的本性之上？文化是否消除了人的原始本性，或是敗壞了人類的原始本性？我們是否應該回到更「自然」的生活方式？我們是否能在人身上區分自然與文化？

答題方向

對康德而言，文化使人脫離自然具有正向意義：文化使得人能夠達到他真正的目的，並使得他的存在提升至高於動物性的存在。

對盧梭來說，文化以一種負面的方式使人脫離自然，使其道德敗壞，並剝奪他天生的自由。

引述

「大自然要人類由超越其動物生存的機械性結構的一切中完全地脫離出來。」（康德）

「人類只能透過教育才成為人。」（康德）

「思考的人是墮落的動物。」（盧梭）

「在人身上的一切都是虛構，一切也都是自然的。」（梅洛─龐蒂）

提問 Q2：我們可以說一種文化比另一種文化優越嗎？

癥結

我們是否擁有評斷文化個別價值的普遍標準？各個文化是否具有同樣的進步能力？我們是否應該以文化相對主義的名義，拒絕對我們文化與外來文化的作品做出道德與美學的評價？

答題方向

如同李維─史陀，蒙田認為我們應該避免帶有價值判斷去評斷文化，因為這不可能公正客觀。

對米歇爾·萊里斯來說，仍然有些客觀因素使得某些社會比其他社會更能演進。

引述

「每個人都將不符合自己習慣的事稱為野蠻。」（蒙田）

「野蠻人是那相信野蠻存在的人。」（李維─史陀）

「當一個民族越不孤立，當它越對外開放 […]，這個民族的文化越有機會演進。」（萊里斯）

論文寫作練習：分析下列主題

■ 我們能否客觀地判斷某個文化的價值？（科學組，2006）

■ 一個文化能否承載著普世價值？（經濟社會組，2006）

2 ｜ 語言

Q1. 說話，是否為行動的反義詞？
Q2. 人類語言的特性為何？
Q3. 語言能否轉譯思想？
Q4. 對話有什麼用處？

▶見第三冊〈他人〉、第一冊〈交換〉

語言文字本身是否具有自己的意義？

| 強納生・巴瑞（Jonathan Barry），《蛋頭人》（Humpty Dumpty），2000年，油畫，私人收藏。

在《愛麗絲鏡中奇遇》中，蛋頭人對文字強加自己所賦予的意思，愛麗絲則不知該如何應對。我們能否隨性、任意地說話？

「這是屬於你的榮耀！」

愛麗絲說：「我不懂你所說的『榮耀』是什麼意思。」

蛋頭人輕蔑地笑了。

「你當然不懂，因為我還沒跟你解釋。我要說的是：『這是你無懈可擊的論點。』」

愛麗絲反對道：「但是『榮耀』指的並不是『無懈可擊的論點』。」

蛋頭人語帶傲慢地反駁：「當我使用一個字詞，我高興說它是什麼意思就是什麼意思。」

愛麗絲說：「問題在於，你是否有權力讓字詞去表達不同於其本身的意義。」

蛋頭人駁斥：「問題在於，要知道誰才是主人……這是重點，就是這樣。」

路易斯・卡羅，《愛麗絲鏡中奇遇》，1871年。

一般看法	思考之後
文字描述現實的存在	**語言是一種複雜的現象**
我們認為每個字都有確切意義，反映現實中某一特定要素。語言與事物之間或許有對應關係。例如：「樹木」這個詞表示由一段樹幹以及樹枝（而不是其他東西）所組成的木質植物，反之，這個植物也與「樹木」這個詞相對應。如同孩子的圖畫書，每個字（能指）都代表一個物的副本（所指）。	蛋頭人使用「榮耀」一詞的方式，完全不同於一般使用意義上的意思。如此一來，話語便屈從於主人，也就是屈從於說話者的意志之下，從而成為簡單的社會約定的慣例。話語是否能隨著有權力者的興致，或那些懂得輕易操弄的人什麼都說又或隨意亂說？文字難道不是與所代表的事物相連？

我們似乎認為，語言文字帶有某種意義，使我們接受。但語言難道不更應該是為我們服務的工具，讓我們可以按照自己覺得合適的方式來使用？

從定義尋找問題意識

定義

> 語言是一種建立於符號系統，用來表達與溝通的工具。

一種……工具

語言看似實際上是種工具，每個人可以根據他的能力或是對語言的掌控程度來使用。語言是為個人服務的工具。

表達與溝通

人可以透過語言來自我表達，也可傳遞訊息給他人。

符號系統

符號系統有許多種：人為的符號，無論是語音的（聲音）或視覺的（文字）；以及自然的符號（肢體）。語言的多樣性，隨著所言說話語的多元而增加，不同言語同樣會有各自特殊的語言系統，並且因文化而異。

定義提出什麼問題？

語言可以是簡單且中性的溝通工具型態。但是語言文字也具有相當獨特的力量，因為語言文字可以導致行動。也因此，將說話與行動對立起來是否恰當？▶ Q1：說話，是否為行動的反義詞？

動物也會彼此溝通，但這足以被視為語言嗎？我們因此可以判斷，語言仍是人類的特性，它使用的「符號」比動物簡單的「信號」來得複雜。人類語言與動物語言是本質上的不同？或只是程度上的差別？▶ Q2：人類語言的特性為何？

語言使人可以表達觀念、情感、情緒等。但反過來，這是否表示這些觀念、情感與情緒在化為語言文字前就已存在。然而，這不就是語言賦予[思想]的實質形式嗎？▶ Q3：語言能否傳譯思想？

問題思考

定義

語言（langue）／語言系統（langage）

語言（如法語、阿拉伯語、丹麥語等）指的是語言系統這種普遍性能力中的一種特殊形式。

定義

言語（parole）界定為一個人使用某種特定語言的方式。

關鍵字區分

本質（essentiel）／偶然或偶發（accidentel）

事物的本質是屬於這個事物自然本身的，而不只是根據情況而定。一個三角形內角和為180度是本質上的，但一個三角形如果是等腰三角形則是偶然的。

Q1：說話，是否為行動的反義詞？

無論我們使用什麼語言來表達，語言首先是用來描述現實的存在。這個功能被稱為「指稱性」（dénotative）的功能，或是「確認性」（constative）功能。例如當下雪時，就能夠說出「下雪了」。但這是不是將語言文字的力量範圍限縮在這個功能上呢？

1. 說話，是要影響他人

　　說話，如同書寫，首先是一種影響他人的方式。有許多職業都建立在這項能力之上：律師、政治人物、廣告人以及所有「溝通顧問」（在古代是智者學派與修辭派人士，（▶見文本閱讀 1-1，29頁），甚至是記者、教授等。他們所說的話是為了教導、說服、使人信服，以及，如有必要——操控聆聽者。

2. 說話，是完成某些行動

　　某些言說（paroles）本身就是真正的行動。約翰・奧斯丁（John L. Austin）把表達完成行動的簡單敘述稱作「施為」（英文為 to perform，也就是「完成」）語言。這個行動，透過說話的敘述本身就實現了某個存在。例如：當有人說出「我向你保證」，就完成了承諾（▶見文本閱讀 1-2，30頁）。但這樣的言說的有效性真的是來自於語言嗎？或僅是來自語言之外的某種要素，例如說出這話的人，需要限定在某種情況的身分之下？例如：「我為你們證婚」，只有在國家或宗教所授權的人說出來，才能使婚姻生效。

3. 語言能夠重新詮釋世界

　　並非將語言這種行動的能力限制在某些狹隘的說話能力之上，而是要考慮語言在本質上會帶來行動。例如：描述一個已經發生的事件對那些曾經歷經此事的人，如此簡單的行動就能使這個事件再次活過來，甚至對第一次知道此事的人來說也是。從根本上來說，語言因而再次創造了世界（▶見文本閱讀 1-3，31頁）。每個人以自己的方式去體驗：所有會說話、會書寫（可以是網誌也可以是小說）的人，能因此重新擁有過去，並學習以不同方式活在現在。精神分析——或透過語言的療法——同時也是強調語言所具有的解放力量。

Q2：人類語言的特性為何？

語言因此不只是簡單的溝通能力。人們都會同意動物能夠溝通的事實，但這就足以認定牠們擁有可與我們相比擬的語言嗎？牠們會吼、吠、叫、鳴、唱等，但我們為什麼不能認為牠們在說話？

1. 答案並非是生理學上的

人類可以說話，而動物卻只能發出聲音，只是因為人類聲帶的精密構造嗎？若是這樣，某些動物（如鸚鵡）確實擁有所需的發音（或發聲）器官以仿造語句，但牠們卻只能以非常有限且一成不變的方式來重複牠們所聽到的。這表示說話的能力不僅取決於身體器官（▶見文本閱讀2-1，32頁）。

2. 動物的溝通似乎是存在的……

例如蜜蜂可以透過「跳舞」來溝通並交換訊息，而我們只能在科學研究過後才能了解其意思（▶見文獻資料，33頁）。不同的動物心理實驗也對猴子進行了實驗。1971年的拉娜計畫（Lana Project）證實了拿食物給一隻會使用鍵盤輸入的黑猩猩，可以讓牠記得某些數量的字句，一些黑猩猩或大猩猩因此學會了用手語「說話」。從這些例子來看，有人得出動物語言的確存在的結論。

3. ……但無法與人類的語言相比擬

這種溝通的形式，至少在以下的三個方面，與人類真正的語言仍有莫大差距：

——人類的語言有其獨特的豐富性和生產力，因為它具備「發音的」形式，是根據三十幾個發聲上有所區別的基礎音。基礎音一旦組合在一起，就會產生上萬個字詞（有時是新的），這些字詞又再創造出無盡的複雜句子。

——人類嬰兒自然而然就能獲取語言能力，彷彿他體會到說話的樂趣，完全不需要經由懲罰與獎勵的訓練來促使他們說話。

——動物只互相交換一成不變的訊息（包括危險逼近、食物來源等），並以明確的行為相呼應。人類可依據情況即興產生各種新的回應，這讓笛卡兒認定只有人類才有思想存在的表現（▶見文本閱讀2-2，34頁）。

因此只有人會說話，即便他是獨自一人。克洛德‧海然熱（Claude Hagège，《語言人》，1985年）提出，不再將人定義為「智人」（homo sapiens），而重新定義為「語言人」（homo loquens）：他（人類）的特性不再是認知的能力，而是說話的能力。

那些構思嚴謹的能被清楚表述，而要說明其義的語言文字能從容達意。（尼可拉・波瓦洛，《詩藝》）

定義

無法言喻（ineffable）指無法透過字詞來表達的事物。

關鍵字區分

直覺的（intuitif）／推論的（discursif）

直覺的思想是瞬間、直接形成的，而推論的思想要經過不同階段。

文化是讓人脫離本性還是實現本性？

Q3：語言能否轉譯思想？

說話能力似乎服務於認知能力，因為語言應該要讓我們能說出我們所想的。但是語言文字能夠傳譯我們所有的思想嗎？

1. 語言似乎是思想的障礙

人們有時會覺得詞不達意，找不到適當的字來表達。例如：人們腦袋中有某個想法或某種印象，想找表達的方式卻不可得。當我們無法明確表達我們「想要說的」，似乎表示在語言之前，有一種直覺式的思想存在。這種難以表達、無法言喻的經驗，似乎正指出了語言表達的極限。在獨特的內在生活以及語言之間似乎存在著一種距離，使得語言無法觸及內在深處的我（▶見文本閱讀3-1，35頁）。

2. 思想無法超出語言的範圍，思想是語言所產生的

每個人的腦中是否真的具有能形成語言系統的思想存在？如果有，就要面對這個矛盾：這種個人的心理直覺是在哪一種語言中實現？黑格爾認為只有語言文字能給予思想真實的形式（▶見文本閱讀3-2，36頁）。「無法言喻」（ineffable）的東西並不比語言更細膩或更高級，它只是隱晦的、不穩定且未能完成的思想。語言也因此不只是用於說話，更可以用來思考。

正是因為語言讓我們可以命名事物，使得我們能夠開放地面對一切事物之所是（▶見文本閱讀3-3，36頁），因此我們不該拿語言壓迫那些語言弱勢的人。如果說作家能夠呈現微妙的感覺與細微的想法，那是因為語言讓那些懂得挖掘它一切資源的人所使用。

Q1：說話，是否為行動的反義詞？

「你說，你說，你就只會說！」雷蒙・奎諾（Raymond Queneau）的小說《地下鐵裡的莎琪》裡的鸚鵡拉維杜爾不斷重複這句話。我們的確常常將話語（空洞且無謂）與行動（具體且有效）互相對立。但這個對立是否經得起檢驗？話語難道不能是一種行動的形式嗎？

修辭的說服力量

柏拉圖作品中，高爾吉亞（Gorgias）是傑出的雄辯家，亦即一位說話的專家，如同一位「溝通顧問」或當代的律師。他懂得說服或是讓說話的對象信服。他在文中讚揚語言迷人的力量。他有說服力嗎？

蘇格拉底：一直以來，我總不斷自問修辭的力量到底從何而來？它看似神聖，如果人們是如此看待它。

高爾吉亞：啊！蘇格拉底，假使你真的知道一切，尤其是修辭術，這麼說吧，它包含了人類一切的技能，可以掌控一切！我給你舉一個驚人的例證吧。是這樣的，我經常跟我的兄弟、其他醫生去探視不願意服藥、不願讓醫生放血或不讓燒烙傷口的病人。而當這位醫生無法說服他們，而我，只用修辭術就足以使他們信服。把場景拉到城邦來，假設一位醫生與一位演說家到了你心中想望的城市，必須在議院或在另一個會議中安排一場醫生與演說家之間的較勁，以知道人們該選誰當醫生。好了吧，我敢斷言醫生看起來一定沒有什麼，而如果會說話的人願意的話，將會被選上。再假設這一場較勁是跟任何其他的專家，永遠都會是演說家比其他人更知道如何使人們信服而選擇他。因為沒有任何的專家比演說家更懂得如何在公共場合以最大的力量說服人。哦，修辭技術的力量如此強大！

柏拉圖，《高爾吉亞》，M. Canto-Sperber 譯本，「GF」系列，Flammarion 出版社，1993 年，頁 143-144。

哲人看法

TEXTES

文本閱讀 1-1

柏拉圖

柏拉圖 Platon
公元前 427-347

| 尚・饒勒斯（Jean Jaurès）於 1913 年的演講。在他右邊的是法國社會黨創始人之一皮耶・雷諾德（Pierre Renaudel）。彩色照片。

關鍵字區分

說服（persuader）／信服（convaincre）

說服與信服之間的差異，在於獲取他人同意所使用的手段。為了要說服人，人們會毫不猶豫地運用他們的情感與恐懼來假裝是真的；而為了要使他信服，人們只會訴諸邏輯、客觀以及理性的論據。

理解命題的論據——文本閱讀 1-1

命題：修辭的力量看似神聖，但這只是騙人的表象。

論據一：對蘇格拉底而言，修辭似乎是很強大的，為什麼？或許是因為言說 (la parole) 的唯一能力似乎能改變一切。

論據二：受到恭維的高爾吉亞卻未否認他，反而認同他。他還更進一步說明雄辯家在兩種情況下比醫生來得高明。第一個例子：雄辯家能說服病人吃藥，因為他懂得「如何說話」。第二個例子：因為他會說話，使他在一場選舉中獲選為醫生。

論據三：修辭可以使靈巧的說話者成為有能力的人。

注意：整篇文本其實是反諷，如同柏拉圖所舉的醫生的例子。修辭的詭辯騙不了人，正如政治領域的偽君子很快就會被拆穿。

文本閱讀 1-2

奧斯丁

約翰·奧斯丁 John L. Austin
1911-1960

施為性語言：藉由語言文字行動

奧斯丁強調區分兩種類型敘事的必要性：描述現實的「觀察性」(constatifs) 表述，以及屬於行動的「施為性」(performatifs) 表述。「施為性」這個詞是從英文 perform 而來，表示執行、實現、完成。

a)「我願意（也就是我要娶這個女人作為我合法的妻子）。」
——在婚禮儀式上說出這個「願意」。
b)「我要把這艘船命名為伊莉莎白皇后號。」
——人們邊說邊把玻璃瓶往船身敲下（船隻首次下水時的傳統儀式）。
c)「我要把我的手錶留給我的兄弟。」
——如我們在遺囑上看到的。
d)「我拿六便士跟你賭明天會下雨。」

從這些例子看來，表述語句（當然是在適當的情況下）並不是在描述我現在正在做的事，也不是要去肯定我在做這些事；而 [說這些話] 這就是「做 [行動]」。這些引用的陳述沒有真或假，我肯定這些事物是不言而喻的，沒什麼好爭論。我們不需要指出這個主張，就如同不需證明「該死！」這詞，這表述既非真也非假，而可能是用來「告知」——但這情況又是另外一回事了。為一艘船命名，是要在適當的情況下，說出「我將……命名」等等。當我在市政廳或教會祭壇前說出「我願意」時，並不是在描繪一場婚禮，而是我結婚了 [的行動]。

「所以演說家的工作是？
當他們在民眾面前演說，他們是否沒有行動？」
「當然有行動，這時候他們是有行動的。」他肯定地說。
「假設他們有所行動，表示他們正在做一些什麼事。」
「正是。」
「所以說，說話，同時是行動與做事。」
（柏拉圖，《歐緒德謨篇》）

奧斯丁，《如何用言語做事》法文版，G. Lane 翻譯，Seuil 出版社，1962 年（身後出版），41 頁。

文化是讓人脫離本性還是實現本性？

Q：請你找出三個屬於「施為性」的句子。

Q：假如一個施為性表述並未發生在「適當的情況下」，請問會如何？

Q：為何奧斯丁寫道「這些引用的陳述沒有真或假」？

說話，就是「再造」

文本閱讀 1-3

班維尼斯特

埃米爾・班維尼斯特
Émile Benveniste
1902-1976

語言學家班維尼斯特始終關注語言文字字面上的意義，他在這段文本中強調語言特有的能力，使得似乎已經消失或是不為人知的過往得以重新活化。

語言再—造了實在。這是以最字面上的意思來理解：現實透過語言這代言人[1]而被再產生。說話的人透過他的話語敘述使得事件與事件的經驗得以重生，聽到事件的人首先掌握的是話語，並透過話語，事件重新再現。因此，行使語言必然的狀況，即交換或是對話，賦予了話語敘述行為雙重的作用：對說話者，它再現著（過去曾發生的）實在；對聽者來說，它重新創造實在。這使得語言成為主體之間[2]的交流工具。[…]。人們一直感覺到——而詩人經常讚頌的——語言創始的力量，建立一種想像的現實，賦予無生氣的事物活力，讓尚未存在得以被看見，重新將那些消逝的事物帶回到當下的所在。這是為什麼如此多的神話，想要去解釋著創世之初事物從一無所有中生出，並確立這種不朽且最高的本質——言說 (Parole)，為世界創造性原則，而毫無疑問地，人們可以想像的人所有的能力，都源自於這個言說的力量。

埃米爾・班維尼斯特，《一般語言學的問題》，1966 年，Gallimard 出版社，頁 25-26。

1 | 透過中介、方法。

2 | 在許多人之間，當每個人都以自己的觀點表達。

Q：為何班維尼斯特在第一句寫下語言「再一造」了實在，而不只是「再造」？

Q：「對說話者，它再現著實在；對聽者來說，它重新創造實在。」說明在這句話中，說話者與聽者的差別。

Q2：人類語言的特性為何？

「牠只差不會說話而已。」人們有時候會對看起來很聰明的動物這麼說，把說話視為區別動物與人類的最終標準。但是我們如何確定動物沒有自己的語言，而且只有牠們自己能懂？

文本閱讀 2-1

盧梭

尚─雅克·盧梭
Jean-Jacques Rousseau
1712-1778

自然語言及約定俗成的語言

如果不是盧梭在這篇文本中明確提及，在讀這篇文本時，我們會不禁想到鸚鵡。鸚鵡擁有聲帶，因而得以重複人類的聲音。但這反而證明了精神層面是人類所特有。

傳達我們思想的這項溝通技藝的發明，依靠的比較不是溝通所使用的器官，而是人類特有的能力，使他能夠在溝通的用途上運用他的器官，假若他缺乏這些器官，他也會設法運用其他方式以達同樣目的。隨便給人一種你認為非常粗糙的構造，如此一來，他所獲取的想法確實會較少，但只要他跟同類之間有幾項溝通方式，並藉由這些方式讓一個人能夠表達行事，另一人能夠感覺，他們終將能盡可能地溝通出可能會有的想法。

動物有一個構造 ¹ 足以進行這項溝通，但是牠們沒有任何一個使用這構造。也正如此，於我這似乎是很顯著的差別。那些一同工作或生活的動物，水獺、螞蟻、蜜蜂，都有一些自然的語言可以相互溝通，我一點都不懷疑。甚至有理由相信水獺跟螞蟻的語言是在動作上以及眼神裡的。無論如何，這兩種語言都是自然的，不是後天習得的。運用這些語言的動物從出生就擁有這些語言，牠們都有，且到處都相同。牠們不會改變這些語言，不會讓語言進步。約定俗成的語言只有人類才有。也因此人類得以進步，可能是變好，也可能變壞，以及動物一點也沒有進步的原因。這唯一的區別似乎就有很大差異：有人如此解釋，說是因為器官的差異。但我對這樣的說法抱持懷疑。

盧梭，《論語言的起源》，1781年（身後出版），「GF」系列，Flammarion出版社，60頁。

---

1 | 這裡的構造指的是能夠溝通的「器官」。

理解命題的論據——文本閱讀2-1

命題： 人類會說話不是從原因（擁有溝通的物理性器官）去尋找，而是從目的（想法的溝通）來看。

論據一： 擁有生理發音器官作為表達的物質媒介，對人類的溝通並非必要且根本的。

論據二： 某些動物在「生理上」有說話所需的一切，但卻無法說話。為什麼？因為動物只有生理性的需求，因而擁有基本的、自然的（可以說「先天的」）而不是演進式的語言就已足夠。人類約定俗成的語言卻反而要透過教育來獲得，根據文化而有所不同，是演變與進步的要素。

確實理解了嗎？ 聾啞人的語言是自然的還是約定俗成的？

文獻資料 DOCUMENT

蜜蜂跳舞溝通

　　有時人們會認為，假如我們夠了解動物，就會了解牠們的語言。事實上，對蜜蜂行為的科學與精心研究之後，人們終於「理解」到牠們之間對食物訊息的溝通方式：不是用語言，而是用十分特殊的舞蹈。

　　動物行為學家卡爾・馮・弗里希（Karl von Frisch, 1886-1982）是《蜜蜂的生命與習性》的作者。他在這份研究中證明，偵查蜂會透過各種定向與速度的「舞蹈」，向同類指出花粉來源的方向與距離。牠會做出「8」字形的舞蹈，同時精確表達食物供應點的距離、方向以及數量。根據蜜蜂種類的不同，舞蹈方式會有些許差別，但是簡單來說是：

| 蜜蜂的舞蹈能夠指示花粉的來源。

　　——根據牠與太陽相對的位置來表示方向；
　　——根據牠自行轉圈的次數與速度來指示距離；
　　——根據擺動的活力明確傳達食物的數量。

文本閱讀 2-2

笛卡兒

荷內‧笛卡兒
René Descartes
1596-1650

語言是人類的特性

人類語言不是機械性的，也是因為缺乏機械性行為，使得我們認出他人身上思想的存在，而這卻是我們無法直接了解的。

那些檢視我們外在的行為的人，可以確認我們的身體不只是一部自動運作的機器，裡面還具有能思想的靈魂，其中除了語言，還有主體所表現出來的其他符號，而這些符號無關於情緒[1]。我所說的話語或是其他符號，是因為啞巴使用的手語符號與我們使用聲音的方式相同，而這些適切的[2]符號正好作為排除鸚鵡說話的理由 [⋯] 所有狗、馬與猿類所做的動作，都僅是牠們的恐懼、牠們的期待與牠們的快樂，因而不需要思想就可以做到。不過，對我而言，可以這樣說，說話只適用在人類身上，是相當顯明的。因為儘管蒙田與夏宏[3]說比起人與動物之間，人與人之間的差異還要更大，然而卻從來沒有如此完美的動物，可以使用一些符號，使得其他動物聽到與他情緒無關的事物。而且也沒有那麼不完美的人，不懂得使用符號。因此，聾啞人發明了一些特殊符號，藉此來表達他們的想法。這對我而言是很重要的論據，證明動物並無法如我們一樣說話，而也沒有一點思想。

笛卡兒，《給新堡侯爵的信》，1646年11月23日。

1 | 在這上下文中，passion表示情緒、情感（稍後笛卡兒舉出恐懼、希望與喜悅等例子）。

2 | 隨著情況與他人的話而跟著調整。

3 | 皮耶‧夏宏（Pierre Charon, 1541-1603），蒙田的同輩友人。

Q：請說明何以「人與人之間的差異會比人與動物之間的差異來得大」？

Q：為什麼我們知道聾啞人士有思想，而鸚鵡沒有？

Q：人類語言的特性為何？是在於它可傳達思想還是在於它的創造性？

從文本到論證──文本閱讀 2-1、2-2
「人們可以說某種動物的語言嗎？」我們賦予語言的定義，適用於動物身上嗎？

Q3. 語言能否轉譯思想？

語言與思想之間維繫著矛盾的關係。一方面，語言文字對思想的傳達是不可或缺的。另一方面，語言有時候讓人感覺無法忠實地服務於思想，無法作為足夠順服的工具來傳譯思想。

語言是個背叛者

文本閱讀 3-1

柏格森

昂希・柏格森 Henri Bergson
1859-1941

「自我」無法仰賴語言而被表達出來，因為個人從根本上而言是獨特的，無法以一種不夠確切且普遍的語言描繪。

關鍵字區分

客觀（objectif）／主觀（subjectif）

主觀的面向與某個明確主體有關，客觀面向指向客體事物，也就是並非某個特定的人。

Les devises Shadok

JE DIS DES CHOSES TELLEMENT INTELLIGENTES QUE, LE PLUS SOUVENT, JE COMPRENDS PAS CE QUE JE DIS.

| 法國漫畫家胡瑟勒（Jacques Rouxel）筆下漫畫角色Shadok的名言：「我說的話是如此有智慧，以至於我常不了解我所說的。」

每個人都有自己愛與恨的方式，而這個愛、這個恨反映出他全部的人格。然而，語言都用同樣的文字來描述所有人身上的這些狀態。同樣地，語言只能固定住愛、恨以及千百種作用於靈魂上的情感的客觀與非個人化的面向。我們以一位小說家從大眾領域中所能汲取的能量來評斷他的才能，語言使得情感與想法落實，他試著用大量並置的細節，還原這些情感與想法原初與生動的獨特性。但同樣地，我們能夠無限地在兩個位置之間插入許多點，卻無法填滿其間的空間，因此，藉由我們所說的話、我們將這個與那個連結在一起的想法，以及將這些想法並置而不穿透，在傳譯我們靈魂感受上，我們全然失敗。思想對語言來說仍是不可共量的[1]。

昂希・柏格森，《論意識的直接材料》，1889年。PUF，1991年，108-109頁。

[1] Incommensurable，字面上來說是「沒有可以共同衡量的標準」，也就是根據另一種邏輯來運作。

Q：請舉出所有能夠指出「語言是表面的」詞彙與表述。
Q：我們能夠說語言是共同的，而思想卻是獨特的嗎？

文本閱讀3-2

黑格爾

費德利希・黑格爾
Georg Wilhelm Friedrich Hegel
1770-1831

我們在語言中思考

所有真正、扎實、確實的思想，都一定要有文字。語言文字並不傳遞已經存在的思想。思想與語言相互依存並不可分割。

我們沒有意識到我們的思想，我們沒有確切與真正的思想，當我們賦予它們客觀的形式，當我們將之與我們的內在做區分，從而我們將它們標記成外在的形式，但是一種也包含了最高的內在活動特性的形式。唯獨是表達的聲音、文字，給了我們一種外在與內在如此緊密的結合的存在。因此，打算不用文字思考，是一種瘋狂的想法。梅斯梅爾 (Mesmer) [1] 為此寫了一篇論文，他承認差點因此發瘋。而且，將思想與語言文字連在一起的必要性視作缺失或缺陷，也是荒謬的。通常，人們的確會認為「無法言喻」[2]，是比較上位的。但這是一種表面且沒有基礎的看法。因為事實上，「無法言喻」是模糊的思想，還在醞釀中的思想，而只有當它找到文字時，才得以清晰。因此，語言文字賦予思想最高也最真實的存在。

1 | 法蘭茲・安東・梅斯梅爾（Franz-Anton Mesmer，十八世紀）是德國醫生，他相信能藉由磁力與「神靈」溝通。

2 | Ineffable，難以描述的、無法以言語表達的。

黑格爾，《哲學全書》中的《精神哲學》，1817年。
A. Vera. Germer Baillère譯本，1869年，頁194-195。

理解命題的論據——文本閱讀3-2

命題：就思想而言，語言文字不僅是媒介或其他某種類型的工具，因為它們賦予了思想一切的穩定性。因此思想不會在表達出來之前就存在。

論據一：人們必須透過文字，以精確的方式形塑人內在尚未成形的事物，才能真正地思考。

論據二：有兩種推論：打算不用語言文字來思考是「瘋狂的」，而認為語言文字干擾思考是「荒謬的」。

論據三：批評一般認為有所謂「無法表達的」看法：這不是超越語言的思想，而是一種渾沌的、未完成、雜亂的思想，簡單說就是一種非思想。

確實理解了嗎？為什麼當我們無法說出某些事物時，我們有時有語言文字不足以表達的感覺？

文本閱讀3-3

海德格

馬丁・海德格 Martin Heidegger
1889-1976

語言作為對存在者的揭示與開顯

假使藝術是要讓某事物出現，海德格卻將詩獨立出來，他看見其中藝術活動的本質。語言，透過詩的言語，本身就是真理的展現。

一切的藝術，在其本質上都是詩[…]。然而，詩這樣透過語言呈現的作品，從狹義來說，在整體藝術領域上仍然占有重要[1]的地位。

要認識這一點，只需要理解一個語言的正確概念。根據一般的看法，語言是一種溝通的方式。它主要功能在於保存與共同商議；一般來說就是相互說明與相互理解。但語言不會只是、尤其首要目的不會是對該被傳遞的事物以口語或是文字表達。語言不只是將在字詞或語句中明顯的或隱晦的意義，加之傳播而已：因為就是語言，使得存在者作為存在者[2]得以開顯出來。在沒有語言展現之處，如同石頭、植物或是動物的存在，就沒有其存在的開顯，也因此，非存在與虛無也沒有任何存在的開顯。

當語言首次命名存在者，這個命名僅僅使得存在者進入話語的世界並顯現其存在。這個命名，是從存有來命名存在者之存在。這一言說也因此是轉向清明的規劃，說明存在者如何且作為什麼得以走向開放性。[…]語言從根本意義上就是詩。

海德格，〈藝術作品的本源〉，收錄於《林中路》。

關鍵字區分

偶然性的（accidental）/ 本質性的（essentiel）

如同詩在的語言中展現出原初天性：是本質性的。假設是根據意外，某種巧合、運氣或其他特殊情況，就是偶然性的。

1 | Insigné: 非凡的、重大的。

2 | 海德格用「étant」表示「存在者」：如同一位在讀書的「學生」或路過的「路人」。

理解命題的論據 ── 文本閱讀3-3

命題：詩歌不是藝術的其中一種形式，它就是藝術的本質。

論據一：語言的第一個功能並非在於對某些已知事物的溝通，而是說出事物，並對事物命名。換句話說，是揭示事物之所是，以及揭示一直被掩蓋的東西。

論據二：相反的，植物和動物不具備語言，而封閉在它們所之是。

論據三：如果說話，就是說出事物之所是並透過說話讓事物得以顯示，那麼語言究其本質是詩歌。

確實理解了嗎？：

1. 如果根據一般的觀點，語言是一種溝通工具，那麼依照海德格的觀點，如何定義語言呢？

2. 人們是否可以說，對海德格而言，言說是創造性的，和班維尼斯特的定義一樣？

「*5.6：我的語言界限指出我世界的界限[…] 7：我們無法說的，必須保持沉默。*」（*維根斯坦，《邏輯哲學論》*）

進階問題思考

————— † —————

PASSERELLE

| 卡特（Kat）的漫畫。

文本閱讀 4-1

魏爾

艾利克·魏爾 Éric Weil
1904-1977

「對話本身似乎就是建構在對攻擊性的否定。」（雅各·拉岡）

1 | Émonde，擺脫多餘的東西。

Q4：對話有什麼用處？▶見第三冊〈他人〉、第一冊〈交換〉

1. 對話只是簡單的思想交換…

首先，對話似乎是許多人意見的交換。每個人對他人說出自己所想的，然後得到對話者的意見回饋。但是真正的對話不只是兩個自說自話的人可以對上話。和他人說話，指的是一起，而不只是待在旁邊。這是共同思考（▶文本閱讀4-3，40頁），以及所形成超過部分總和的整體。

2. …或是新思想的產出？

這是重要的關鍵。從蘇格拉底開始（▶見文本閱讀4-2，39頁），對話已經成為哲學方法的模式，只要這對話根據某些規則，並從參與者的善意出發（▶見文本閱讀4-1，38頁）。辯證或是想法的衝突是真正的檢驗，能夠確認一個論點的可靠性，並壓制另一方論點的表面性，以更接近真實。因此，柏拉圖甚至將思想定義為如同「一場靈魂與自己（內在且寧靜的）對話」。

「應該要尋求同意還是相互爭執？」

彼此同意還是相互爭吵？當艾利克·魏爾提出這個選擇時，他同時也凸顯出言語的重要性，不僅是在我們與他人的關係中，也在民主的政治社群中。

事實上，對於追問對話本質的人與追問暴力本質為何及其否定的人，在問題上並沒有不同。而他為什麼需要能夠對話？只允許一種邏輯，即對話一旦展開，我們就能知道其中哪個對話者是對的，更明確地說，就能知道兩人之一何者是錯的。因為，如果是那位自相矛盾的人錯了，但這絕對無法證明，那位只用一個違反論述法則錯誤來說服他人的人就是對的。僅憑這個優勢，所有都是暫時的，自相矛盾的人還沒有被說服。在對話中，邏輯使論述變得精簡[1]。但人們為何要接受一種可能讓他感到困惑的對話情境？

他接受，就如同我們所做的，是因為假使人們排除了與其他人在溝通上所有的沉默與自制，另一個唯一的出路會是暴力：我們意見不同時，要尋求彼此同意還是相互爭執，直到那個為其辯護的其中一個論點消失為止。假如我們不想要這第二個解決方式（也就是相互爭執），就要選擇第一個。每當對話討論嚴肅的問題，以及重要的問題，有些人需要在生活中做出改變，或從中確立傳統的形式以抵抗創新的攻擊。確切來說，當對話不是某種遊戲（指嚴肅意義下的遊戲），最後，對話就會一直關乎人們該如何生活。

魏爾，《哲學的邏輯》，1967年，Vrinl出版社，1974年，24頁。

Q：請舉出你的親身經歷，說明對話是具有調解功效的。

Q：人們安排兩位饒舌歌手進行擂台戰，也就是讓他們來場唇槍舌
　　戰。這是一種對抗還是遊戲？

對話中哲思的藝術

文本閱讀 4-2

柏拉圖

柏拉圖 Platon
公元前 427-347

　　多虧了巧妙的「助產術」蘇格拉底引領一位不知如何解決這個數學問題的年輕侍者：如何從邊長1面積1的正方形，畫出面積為2的正方形。首先我們出現的第一個想法會是，把一邊的長度乘以2倍，但是這樣會形成一個4倍大的正方形。接著，這個年輕侍者就了解必須借助對角線……

蘇格拉底：我們這不就有一條從一角到另一角的線，將這些正方形的
　　　　　每一個分成兩等份？

年輕男子：是的。

蘇格拉底：而我們這不就有四條等長的線，圍成這裡的正方形嗎？

年輕男子：是有的。

蘇格拉底：那好，研究這問題：這個正方形的面積多大？

年輕男子：我不明白。

蘇格拉底：在這四個方塊中，每條線不是將它們對半切開嗎？

年輕男子：是的。

蘇格拉底：或是，在這塊正方形裡，一共有幾個相同的面積？

年輕男子：四個。

蘇格拉底：而在原來的正方形中有幾個？

年輕男子：兩個。

蘇格拉底：二乘多少等於四？

年輕男子：二。

蘇格拉底：所以這個方塊，共有多少方尺？

年輕男子：八方尺。

蘇格拉底：它是由哪一條線所構成？

年輕男子：這條線。

蘇格拉底：就是這個四方尺的正方形這由一角到另一角的線？

年輕男子：是的。

蘇格拉底：這就是智者們稱為「對角線」的一條線。因此，假如這條
　　　　　線的確是叫做「對角線」，美諾的小廝，如你所說的，正似
　　　　　乎是藉由這個對角線，我們才得出兩倍的空間。

年輕男子：是，完全正確，蘇格拉底。

定義

> 助產術（maïeutique）是蘇格拉底用來協助對話者通往真理的一種方式。提問與回答的手法就像是助產士在準備接生。

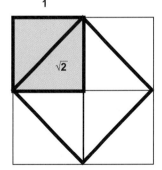

為了讓邊長1的灰色正方形面積加倍，必須從它的對角線上再做出一個正方形（邊長為無理數$\sqrt{2}$）。

柏拉圖，《美諾篇》。

文本閱讀 4-3

梅洛－龐蒂

莫里斯・梅洛－龐蒂
Maurice Merleau-Ponty
1908-1961

對話如同合作

　　梅洛－龐蒂所描述的與他人對話的經驗在於其曖昧模糊之處。每個人自認了解自己的想法，然而藉助這個不屬於其中任何一位對話者所共同形成的對話，他才發現到自己的想法。

　　有一種文化性的客體在知覺到他人上扮演著重要的角色，這就是語言。在對話的經驗中，我與他人之間形成了共同的場域，我與他的想法交織為一，我與對話者的言詞被召喚到討論的狀態，它們被嵌入共同的運作，而我們誰也不是創造者。[…] 我們彼此是在完美的相互性狀態的合作者，我們的觀點互相滲透，透過同樣的世界我們共同存在其中。在對話當下，我從自我中解放出來，他人的想法確實是他的想法，而不是我使之形成，儘管我能夠立刻抓到或是預知他的意思。對話者對我的反駁，讓我獲得我之前不知道我所擁有的想法。正如同我提供給他的想法，他也反過來讓我思考。

梅洛－龐蒂，《知覺現象學》，Tel叢書，Gallimard出版社，1945年，407頁。

理解命題的論據 —— 文本閱讀 4-3

命題：思想並不先於對話前而存在，而是當對話在無法分割彼此的合作之中，與對方同時形成。

論據一：對話提供與他人交會的經驗，與他人執行共同的工作，思想在其中相互交織，並形成不屬於任何特定一方的新整體。

論據二：梅洛－龐蒂舉出，當對話者對我提出反對意見，由此指出他如何讓我對自己揭示自我的想法，是我之前所忽略卻所擁有的想法。多虧了他人，讓我得以與自我相遇。

確實理解了嗎？我們將對話想成一種意見交換是否合理？你曾否經歷這種矛盾的感覺：在我對他人解釋了自己的想法之後，我才對自己的想法有更進一步的了解？

愛可的神話，或說不出的話語？[1]

希臘神話中，仙子愛可（Écho）喜歡在宙斯征服其他仙子時，跟宙斯的妻子赫拉（Héra）說三道四。忌妒心重的赫拉發現了，於是懲罰多話的愛可不能說話，唯一的例外是她只能重複她所聽到的最後一些話。傷心並四處流浪的愛可遇見了俊美的納西瑟斯，愛上了他。但納西瑟斯無法跟說不出愛意的仙子相處，於是拒絕了她，愛可也因此日漸黯淡。失望欲絕的愛可躲在森林、岩壁深處與世隔絕，她失去了美貌，只靠著剩下的回音活著。受到詛咒的仙子無法說話，這也讓她遭受他人的拋棄。

| 尼可拉・普桑（Nicolas Poussin），《愛可與納西瑟斯》（*Écho et Narcisse*），約1630年，油畫（74×100公分），收藏於巴黎羅浮宮。

1 | 審定注：愛可（Écho）指的是「回聲」；納西瑟斯（Narcisse）指的是「自戀」。

Q：沉默不語必定是一種孤立嗎？什麼樣的情況下我們可以許下「沉默的誓言」？

從文本到論證──文本閱讀4-1、4-2、4-3

請思考「是否有『無可爭論』（無需討論）的事情存在？」不要只回答「是」或「不是」，也不要列出一串無可爭論的陳述，因為這種條列清單無助於論證，也不可能全面，反而容易顯得武斷。我們要追問的是「無可爭論性」的理由，例如：

──我們無法討論，因為這超出理解能力的範圍；

──我們拒絕討論，因為某些命令不應該被質疑；

──我們不打算討論，因為對我們而言，這是自明的，是再理所當然不過的。

歸類這些的回答，並找出能夠說明這些理由的例子。

延伸思考

OUVERTURE

Q：語言文字會說謊嗎？

〈地球是藍的如同一顆橘子〉

地球是藍的如同一顆橘子
從來不會錯文字不會騙人
它們不再使你歌唱
融洽的親吻下
瘋狂與愛戀
她緊閉的唇
一切的秘密一切的笑容
衣著放縱輕盈
近乎赤裸

黃蜂綻放青綠
黎明繞在頸間
項鍊如同窗景
蟲翅覆著葉
妳有著一切陽光般的喜悅
地球上一切的陽光
都向著妳的美閃耀

保羅・艾呂雅（Paul Éluard），1929年。

矛盾的肯定

這首詩一開頭，艾呂雅逐步肯定「地球藍得如同一顆橘子」與「從來不會錯文字不會騙人」。然而第一個句子的陳述，似乎就明顯違反了事實（contre-vérité），因為假如我們接受地球的表面因海洋覆蓋而呈現藍色的，那就不可能像橘子。這個詩意的形象是什麼意思？

各種可能的詮釋

我們可以假設這詩意形象，是因為把兩個通常相異的肯定句串連起來：一句是「地球是藍色的」，另一句是「地球是圓的，且兩極略平，如同一顆橘子」。有些人還強調，在光譜上橘子的顏色與正好與藍色對比。還有人會把橘子腐壞時，藍色的黴斑會開始侵蝕橘子表面兩相對照。

詩的語言的力量

這些解釋都無法窮盡詩的隱喻力量。說出地球是藍色的如同一顆橘子，是從語言中汲取素材，好在閱讀者的腦海中產生一種影像，這影像只存在這個詩的表述裡，而不可能存在於別處。相較於我們平常的使用方式，詩詞因此展現了語言的豐富性，即便它顯然是在描述眾所周知的事實。超越了真實與謊言，語言文字不再使人歌唱：這首詩的第三句指涉的是什麼？

> **練習：這首詩在說什麼？**
> 1. 詩人為什麼創造他眼前不存在的東西？我們可以說這「東西」只存在於語言文字，或是這是一種實在？
> 2. 這首詩能否說明海德格對詩歌的作用的看法？（▶見文本閱讀 3-3，36頁）
> 3. 你對這個肯定句的看法為何：「地球是灰色的如同菠菜。」請論證你的答案。

哲學練習

―――+―――

EXERCICES

練習1：掌握詞彙

解釋下列陳述的意思：

a. 花語。

b. 聾啞人士的語言。

c. 程式語言（Java、HTML、XML）。

d. 肢體語言。

e. 虛情假意的話。

f. 活的語言―死的語言。

g. 避重就輕或浮誇、訴諸情感的政治語言。

h. 語言程度。

i. 社會對話。

練習2：分析日常生活中的例子 ▶ 見第三冊〈他人〉、第一冊〈交換〉

　　學生在課堂上互相聊天，有時候會造成教授與學生之間的緊張關係。教授會指責閒聊無用且干擾上課，學生則認為這是有益且愉快的。為什麼我們要聊天？

1. 「聊天」、「討論」或「對話」有什麼不同？這只是觀點的問題嗎？

2. 我們能夠自己一人聊天嗎？這表示聊天不一定要對話者來回應嗎？我們只在覺得課堂無趣的時候聊天嗎？

3. 聊天真的是說無謂的話嗎？聊天有用嗎？仔細地論證你的回答。

4. 聊天是基於什麼樣的樂趣？

練習3：例子分析 ▶ 見第三冊〈他人〉、第一冊〈交換〉

　　《聖經》的〈創世記〉中提到，當人類還團結在一個民族之下時，人類只說一種語言，並打算建造一座巨大的塔以到達天上。神被人類不知節制的驕傲所觸怒，於是讓他們說著不同的語言以懲罰他們。從此以後，人類不再互相了解，被迫放棄計畫並且四散到各地。

1. 今天，是否存在所謂的通用語言：英語？世界語（Esperanto）？數學語言？

2. 一種語言是否可能是客觀的，並且完全獨立於特定文化？論證你的回答。

練習4：觀念定義

連連看：把下列名詞連結到適當的定義。

詞	定義
話語、話（langue）	個體表達自我的行為
辯證（dialectique）	某個特定共同體的代碼
語言（langage）	可以表意與溝通的符號系統
說話、言說（parole）	透過問與答的溝通技巧以到達真理

練習5：命題思考 ▶見本冊〈文化哲學導論〉

根據「沙皮爾—沃爾夫假說」（取自二十世紀兩位美國人類學家的名字），每種話語都會以別出心裁的方式呈現出真實，並因此提出自身的「世界觀」。一種語言所特有的文法結構，就呼應一種思考方式，例如亞里斯多德的形上學就是古希臘文文法的表達。

1. 我們是否屈從於自己所說的話語的特定要求（「語言相對論」的命題），甚至話語決定了思想（「語言決定論」的命題）？
2. 你是否會反過來認為我們能夠以一種有別於自己所用來表達的語言來自由思考？

練習6：思考日常生活的例子

語言學家羅曼・雅各布森（Roman Jakobson）指出，某些語言文字與日常語言的句型具有所謂的「交際」功能。語言的這些要素可能沒有意義，但能確認彼此的接觸是否良好，或確定對話者的注意力。例如：「喂？」「你睡了嗎？」「嗨，你好嗎？」「不是嗎？」「你有在聽嗎？」。

你的朋友與父母在某一個對話中，是否常常說出某種特定的語句？或是你的哲學教授在課堂上會使用哪種句型？

練習7：觀念分析

根據伯特蘭・羅素（Bertrand Russell）的《意義與真實》（1969），語言呼應了三種目的：

1. 指出事實。 2. 表達說話者的狀態。3. 改變聽者的狀態。

將下列陳述的目的勾選所屬的類別（可複選）：

	指出事實	表達說話者的狀態	改變聽者的狀態
「這是一隻鋼筆。」			
「你把拿走的鋼筆還我，否則我會告你。」			
「哎呀！」			
一個謊言。			
「天氣很好。」			
「我覺得你很煩。」			
「失火了！」			
「救命啊！」			
「地球是藍的如同一顆橘子。」			
「我餓了。」			
「我愛你。」			

練習8：找出思考的路徑 ▶見第三冊〈意識與無意識〉

命題：「我們說的話是否背叛／洩漏了我們？」

1. 對這個問題，你的直覺回應是什麼？
2. 根據你所處的哲學文化，你會如何批判這個直覺回應？
3. 從你的個人經驗來看，試問你如何藉由說話認識一個人？只是根據他說的話？或是也從他說的話以外的事物來判斷？

> **練習8試答**
> 1. 我們說話，似乎就展現出我們部分的能力，例如，我們一直都能選擇說這些或說那些，能選擇說謊或是保持沉默。
> 2. 然而，我們想說的不總是與我們實際所說的相同，有時是說得更多。對佛洛伊德而言，某些話（尤其是口誤）揭示了意識之外的無意識存在。
> 3. 其實不需要訴諸無意識的假設，只要觀察某些語言習慣或某些表達方式就可以看出某人焦慮、傲慢或是無理的性格。所有話語在無意間都傳遞著我們所屬的文化：我們說話的方式可能洩漏出我們源自的地區（口音、慣用語），我們所屬的社會階級，以及我們的文化程度（「語言的程度」）。

「書寫的話」與「口說的話」是否為兩種絕對相等的表達方式？

　　書寫，似乎要使說出的話語固定下來，也的確改變了說出的話語；書寫沒有改變說話的字詞，而是說話的特性；書寫以明確性代替了口語表達。人們在說話時表達自己的情感，在書寫時表達他的思想。書寫時，人們被迫使用在共同接受的詞意下的所有字詞；但說話者是透過聲調變化出不同詞意，他按照自己喜歡的方式來定義詞意；他比較不受一定要表達清晰的干擾，而是賦予更多的力量；而且，人們所書寫的話是無法長久保留那個只有藉著口語說出的話所具有的生命力。我們寫的是所說出的話，不是聲音；或者，在具有不同聲調的語言中，是聲音、語氣、所有各種聲調的轉折，成就這個語言最多的能量，且使得一個相當普通的句子，有了它該有的位置。我們用以代替這個句子的方式，用書寫的語言來鋪展與延伸，以及透過話語的紀錄，使得說出來的話變得強而有力。如果說話如同我們在書寫，我們變成在閱讀而不是在說話。

盧梭，《論語言的起源》第五章。

1. 畫出兩個欄位的表格，並根據這篇文本，在第一欄寫下那些與口說的話較相關的句子，在第二欄寫下那些與書寫的話較相關的句子。
2. 科學著作應該安靜地閱讀還是高聲朗讀出？那哲學著作呢？那戲劇腳本或詩呢？請論證你的回答。
3. 你明白為什麼某些演員喜歡高聲朗誦某些文本嗎？觀眾可以對這樣的劇作有什麼期待，是在他單獨一人的情況下無法獲得的？

練習 10：經驗分析

　　《寧姆計畫》（*Le Projet Nim*，詹姆士・馬許在 2012 年的紀錄片）敘述一個四十年前的科學實驗，是關於一隻被當作人類養大的年輕的猩猩，人們教牠手語。你認為牠做得到嗎？

練習 11：分析論文的命題

回答以下從命題所分析出的各個問題。

而基於什麼理由，人們寧可選擇不說話？

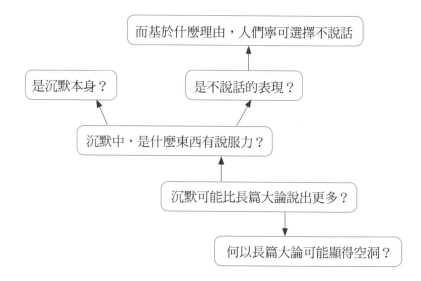

而基於什麼理由，人們寧可選擇不說話

是沉默本身？　　　是不說話的表現？

沉默中，是什麼東西有說服力？

沉默可能比長篇大論說出更多？

何以長篇大論可能顯得空洞？

練習 12：圖像分析 ▶ 見第三冊〈他人〉、第一冊〈交換〉

觀察這幅漫畫所呈現的場景。

我們能說這兩個人在相互傾聽、相互理解並進行對話嗎？
請論證你的回答。

練習13：找出命題的問題意識

命題：「溝通是否就代表有對話？」

　　試著使用進階問題思考的主題（▶見38頁）來找出命題的問題意識。

練習14：找出命題的問題意識

命題：「人們能否什麼都說呢？」

1. 舉出幾個似乎無法言說的事物。

2. 以「人們能否」來發問，是想問人們是否碰過在法律或是道德領域上的一些阻礙與／或禁令。例如：侮辱國家代表、種族辱罵、煽動犯罪等。「人們能否」這個詞的兩種意義（「人是否具備這種能力」以及「人是否受到外在限制」），在這裡是否都適用？或者只能使用其中一種？

3. 本章的哪幾篇文本或許可拿來回答這個問題？

> **練習14試答**
>
> 1. 超乎尋常的情緒、令人感到恥辱的創傷、傷人的話語、獨特的想法等。
> 2. 這問題提出了實際上難以用言語形容的可能性，同時也提出某些話語的正當性問題（這涉及表達自由限制的問題）。
> 3. 文本閱讀 3-1（▶見35頁）讓我們思考所有那些特別難以言說的事物；而文本閱讀 3-2（▶見36頁）卻提出，究竟是明白說出來比較難，還是在想法中成形比較難。

綜合整理

語言是一種建立於符號系統，用來表達與溝通的工具。

提問 **Q1：說話，是否為行動的反義詞？**

癥結 語言只限於描述實在或可介入實在？

答題方向 語言不僅是對實在的被動描述。一方面，它可以藉由命名且用某種相當精確的方式來理解世界。另一方面，「施為性表述」能構成真正的行動。

引述 「為一艘船命名，是要在適當的情況下，說出『我將……命名』。」（奧斯丁，《如何用言語做事》）

提問 **Q2：人類語言的特性為何？**

癥結 這個問題同時牽涉到動物的能力以及我們給予語言定義的明確內容。

答題方向 卡爾・馮・弗里希談到蜜蜂的「語言」。但是牠們交換訊息的方式是固定且一成不變的，與人類語言的豐富、彈性以及活力仍然差得遠。溝通不是說話。

引述 「動物並無法如我們一樣說話，而也沒有一點思想。」（笛卡兒，《給新堡侯爵的信》）

提問 ── **Q3：語言能否轉譯思想？**

癥結

思想先於語言存在，還是，思想必須仰賴語言且透過語言才得以存在？

答題方向

柏格森強調主觀內在思維，以及思維難以找到其對應語言，思維與語言之間存在著必然的差距。黑格爾卻斷定，只有語言才能給予思想確切的實在性（réalité）。

引述

「我們在語言中思考。」（黑格爾，《精神哲學》）

論文寫作練習：分析下列主題

■ 語言是否背叛思想？（人文組，2009）

■ 語言是否只能用來溝通？（人文組，2005）

■ 語言的多樣性是否會成為族群之間理解的障礙？（科學組，2002）

3 ｜ 藝術

Q1. 藝術什麼時候發生？
Q2. 藝術有什麼用？
Q3. 所有人都是藝術家嗎？
Q4. 審美判斷應該被教育嗎？
Q5. 藝術是否會欺騙我們？
▶見第五冊〈真實〉

在一件藝術作品之前，人們是否能夠無動於衷？

｜莫瑞吉奧・卡特蘭（Maurizio Cattelan），《無題》，2007年，標本馬（300×170×80cm），裝置藝術，德國法蘭克福現代藝術博物館。

文化是讓人脫離本性還是實現本性？

一般看法	思考之後
只有內行人才會對藝術感興趣	**藝術關乎我們每一個人**
藝術看來經常像是多餘的事物，彷彿是只與少數人有關的簡單消遣。只有那些有足夠閒暇能投入藝術的人，才可能對它感興趣，而忙於更嚴肅且要緊活動的其他人則無暇浪費時間於其上，這些人也許會對藝術完全無動於衷。大概只有極少數的人才會受到藝術作品感動或觸動。	這匹寫實的馬，頭部似乎嵌入壁板做的牆上，懸吊在半空中，引起我們的注意。這匹馬是往牆面猛衝而去的嗎？還是如畫作般吊掛起來的？或許該要去看看牠的頭是否在牆的另一面，如同狩獵戰利品般展示著？疑問油然而生。而藝術的首要功用，就是藉由它所觸發的情緒，來引起我們的注意力。藝術喚醒每個人的敏感神經，以及他／她所冷漠以對的境遇。

藝術作品不同於其他物品。
藝術品展現出一種意圖，
然而它所散發出的東西卻似乎難以形容。

從定義尋找問題意識

定義

> **藝術是人類的活動，主要在於生產具有審美價值的作品。**

人類的活動

藝術是人類的產物，相對於自然物，人類產物可以複製自然物、受到自然物的啟發，或與自然物一較高下，人類的產物尤其表現在對美的追求上。

主要在於生產

藝術與生產物品的技術在這一點上有共通之處。藝術實際上是製造的活動，有時卻是如此個人且無法預期，我們因而稱之為藝術「創作」，彷彿藝術家擁有上帝般的能力從無創造出有。

具有審美價值的作品

藝術作品滿足所謂「審美／美感」的愉悅，也就是與品味相關的判斷，用以區別何者是美、何者是醜。但「審美」一詞是曖昧的，因為它時而與「美」相關、時而與藝術本身相關。「審美」一詞會讓人以為，藝術作品一定得是美的，卻非一直都是如此。

定義提出什麼問題？

藝術並不存在於作品所呈現的事物之外。但有沒有一種能區別藝術作品與其他物件的可靠方法呢？有沒有一種標準，可以貼上這就是藝術的「標籤」？ ▶ Q1：藝術什麼時候發生？

藝術有時看來如同多餘且無用的事物。但我們可以沒有藝術嗎？對一個人來說，似乎難以想像生活之中完全沒有接觸到任何藝術作品，尤其是音樂。藝術也許是在回應一種需求。▶ Q2：藝術有什麼用？

製作藝術作品需具備一定的能力或是某些才能，但這可以學習，而誰能做到呢？▶ Q3：所有人都是藝術家嗎？

「審美價值」的概念是模糊的。如何區分何者擁有審美價值而何者缺乏？▶ Q4：審美判斷應該被教育嗎？

問題思考

COURS

Q1：藝術什麼時候發生？

何者是藝術、何者不是藝術？這兩者的區別不再如此理所當然。二十世紀的發展過程中，藝術就不再以傳統上的六大「藝術」（音樂、繪畫、雕塑、文學、建築、舞蹈）來定義。多項新的學科則被認定為第七項藝術（電影），甚至是第八或第九項藝術（攝影、電視、漫畫、電玩、高級訂製服等等）。但是，要以什麼標準來斷定這是不是藝術呢？

1. 藝術不再一定要是美的

藝術一定要透過追尋美來作為表徵嗎？必定是「製造」的美，是模仿、競逐或超越自然的美（▶見文本閱讀1-1，58頁）嗎？這個標準不是必要條件，因為機械與技術製造的物品都可以是美的（例如：設計巧思），也因為當代藝術經常擺脫對美的唯一追求，畢竟以美為唯一追求似乎是過時的事了。從十九世紀開始，藝術往往有意地呈現出平凡甚至是醜陋，而且當代藝術家不再那麼追求引發美感上的愉悅，而在於表現出新的意圖。例如：《4'33"》是作曲家約翰‧凱吉（John Cage）的作品，內容是4分33秒的寧靜，而在這段時間之中，聽眾實際上聽到的是環境的噪音。

2. 藝術不再需要透過作品的形式呈現

甚至連作品的概念都不再是理所當然。藝術家越來越注重創作過程，也就是說藉由「表現」、機遇以及「事件」（例如：專為藝術而辦的「白晝之夜」[1]，而不在乎古典的物質媒材（▶見文本閱讀1-2，59頁）。舉例來說，靜物畫在二十世紀受到身體藝術或行動繪畫的挑戰，同時造型藝術家也取代了雕塑家。

3. 是藝術家創造藝術

藝術作品不再只是藉由物體的物質特性來形成，更要通過創作者的創作意圖來呈現，也就是以作者所呈現的意念來賦予創作上的意義。只要藝術家如此決定，一切都可以因此成為藝術。「藝術是什麼？」這個問題已經失去了適切性，而讓位給「藝術何時發生？」這個問題（▶見文本閱讀1-3，60頁）。然而，藝術的定義卻不會就此固定下來，它會隨著歷史而變動（▶見文本閱讀1-4，60頁）。從今以後，我們特別期待某位藝術家的創新、挑釁、改革其所受訓練的規範，哪怕因而使得藝術的定義變得模糊。

1｜譯注：「白晝之夜」（Les nuits blanches）於2002年創始於法國巴黎，在10月第一個週六夜晚舉行。活動源起於巴黎市政府希望提供市民親近當代藝術的構想，並藉此讓市民在同歡中對所生活的城市具有嶄新與深度的認識。後來成為一項全球性活動，目前已有120個城市加入響應，台北市也於2016年加入。

定義

表現（performance）是指只在實踐當下才存在的藝術實踐。

定義

行動繪畫（action painting）是一種技巧，畫作經由這種方式拋擲或滴落在畫布上，因而留下藝術家手勢、動作、能量的痕跡。例如：傑克森‧波洛克（Jackson Pollock）。

Q2：藝術有什麼用？

與其竭盡全力就藝術自身的本質來定義藝術，何不試著透過藝術的功用來定義藝術呢？前哥倫布時期的面具，一段現代舞蹈的演出或者一座哥德式教堂之間的共通點，是在於這些作品之中，還是在於我們對這些作品的使用之上？

1. 藝術是無用的嗎？

對「為藝術而藝術」的支持者來說，一切歸諸於藝術的功能是對藝術的背叛。藝術不該為任何功利的用途服務（這完全與藝術相左），因為這種功利用途會讓藝術變質，而使它服膺於某種需求（▶文本閱讀2-3，64頁）。然而，假使如泰奧菲爾·哥堤耶（Théophile Gautier）所說，「一切有用的都是醜的」，難道不該賦予審美愉悅的感受如畫家尼可拉·普桑（Nicolas Poussin）所說：「藝術的最終目的是樂趣？」藝術的偉大來自於觀看的純粹愉悅，藝術本身就是對藝術家至高無上自由的呼應。

2. 藝術有各式各樣的功能

但藝術似乎具有多重功能。表達上的功能：去表露出某種情感、事件或動作（▶見文本閱讀2-1，62頁）。認知上的功能：讓我們了解一些事物。宗教上的功能：頌揚宗教生活。情感上的功能：表達我們的情感與感受。經濟上的功能：能在市場上交易。道德上的功能：觀者能藉由接觸作品獲得陶冶、了解自己的情感、獲得新的想法、提升心靈，進而變得更好。此外，亞里斯多德認為，戲劇上若能讓觀眾間接體驗某些隱藏的情緒，而不必真正去經歷，此處發生的滌淨作用便是「淨化」（catharsis，或作情感宣洩、發洩）（▶見文本閱讀2-2，63頁）。藝術還具有療癒上的功能（藝術治療）；心理上的功能（可娛樂我們並讓我們放鬆）；顛覆的功能（喚醒意識並揭發不義）；在創傷經歷，能具有見證的價值（例如：奧斯維辛集中營倖存者普里莫·萊維的文學作品）等等。因此，似乎透過功能分析也難以定義藝術。看來，就人們所見，藝術功能有著很廣泛的多樣性。

3. 藝術是解放者

這麼看來，藝術具有某種主要的目的，某種有別於其他事物的更為根本的功能嗎？人們可以強調，藝術讓我們得以透過有別與我們的眼光去看待世界，也因此是解放者和文明傳播者（這也是為何國家會透過學校或是各種補助來鼓勵藝術的實踐）。藝術首要傳達的是藝術家創作的自由，他的想像力、他的深度，以及他能夠脫離既定慣例與規範的能力，因此藝術能將我們從現實平凡的表現中

> 「*沒有音樂，人生就是一場錯誤。*」（尼采）

解放出來。此外，藝術也可以成為各種政治與意識型態的介入形式主要載體。從這個意義上來說，藝術是構成民主生活中的某個根本部分。這也是為什麼要讓大眾能夠接近它，而不是只保留給某一群菁英。

Q3：所有人都是藝術家嗎？

藝術普及化就是每個人都應該能夠欣賞甚至創作藝術。我們真的都是藝術家嗎？至少在潛能上是？技術精湛的工匠與藝術家的區別究竟為何？

1. 藝術家因他與眾不同的技巧而顯得傑出

　　藝術家都需要在藝術學院學習，或是得經過一番努力（例如：鋼琴家與他的琴鍵、舞者與他的腳尖）。因此藝術家必須能夠掌握某種技巧，而使他有別於他人，並有傑出的表現（例如：一位雕塑家讓大理石雕像產生衣服皺摺、能唱出比正常音樂高八度Do的女歌手）。然而光靠勤奮與技巧並不足以定義藝術。藝術某方面涉及了即興與自發性，從來就不能只化約為某種規則的單純應用（▶見文本閱讀 3-2，67頁）。「藝術」（beaux-arts）因而與「技藝」（arts et métiers）有所區別。藝術家「製作」的成品當然有如工匠的精巧，唯獨藝術家被視為是「天才」的表現。

2. 藝術家是透過其天份而展現出來

　　藝術家從工匠的角色中逐漸解放出來，也不過幾個世紀而已。從文藝復興開始，藝術家開始宣稱他們自身的創造性，他們特殊的天分，他們獨特天賦的優越性，這個天賦是天啟（l'inspiration divine）的現代版（▶見文本閱讀3-1，66頁）。畫家揚・范・艾克（Jan Van Eyck, 1390-1441）一般認為他是第一位為自己作品署名的畫家。天才的定義，以他創新的特質所呈現出的，也就是新穎、獨特並可作為典範。我們是否該相信這是來自某種神秘無解的超自然的現象神秘呢？（▶見文本閱讀 3-3，68頁）

Q4：審美判斷應該被教育嗎？

假如藝術家是與眾不同的，比他的時代走得快或與他的時代有段距離，難道就注定無法獲得理解？藝術家的品味是否能夠分享，並如同科學的對象一樣獲得解釋呢？

關鍵字區分

實現（en acte）／潛能（en puissance）

具有潛能的藝術家：如果我們決心把精力投注在藝術上，我們都具有成為藝術家的潛力。已經實現為藝術家：是指實際上已經是藝術家的人。

定義

古希臘人區別製造（fabrication）、創作（poiésis，產生某種外在於行動者的物品）與實踐（praxis，對行動者本身有影響）。藝術屬於創作（poiésis，法文演變為詩歌poésie一詞）的範疇，而哲學、政治學等則屬於實踐的範疇。

1. 品味好壞是無法經由說服的

每個人都有他判斷美或不美的方式，並且不會打算改變看法：「人們會說有些品味或色彩是沒得商量的。」（▶見文本閱讀4-1，70頁）但在美學價值的領域，我們又是否能屈從於某種相對性與全然的主觀性之上？在每個人的品味之外，難道沒有某種普遍的品味嗎？這種矛盾來自於康德的審美判斷，對他而言：「美無需任何概念就可以普遍地讓人喜愛。」（▶見文本閱讀4-2，70頁）理論上，唯有訴諸某個共同概念，才有普遍性的可能。然而，這樣的事情並不會發生在藝術上，因為我們所判斷的不是作品的客觀屬性，而是作品能夠對我們產生的影響。

2. 所謂「好的」品味是某個社會階級的品味

某些社會學家也對不帶利害且純粹的審美判斷的客觀性提出懷疑。「品味」應該是屬於統治階級的，這些人嘲笑其他人的品味（goût）低劣、令人厭惡（dé-goûte）[1]。戈布洛（Edmond Goblot）因而指出布爾喬亞典型的對藝術的興趣，特別是用來自我標榜（▶文本閱讀4-3，72頁）。皮耶·布爾迪厄（Pierre Bourdieu）也重申這一觀察，對他來說「文化實踐是用來區分階級」。藝術遠遠不是對世界或他人開放，因而支配藝術的領域也可能是最不寬容的領域。

3. 藝術家的敏感度能夠喚醒感受

在一幅藝術作品之前，某些人可能會認為他們對藝術作品什麼也不懂，因為他們對此完全無知，似乎文化是需要懂得才能欣賞。因此這是必須進入的良善循環：人們越常接觸藝術作品，就越能受到薰陶；人們越能訓練他的眼光，就越能從中學到如何欣賞特質，也越有興趣了解其他的作品。多虧了經驗的累積，品味因而能夠更精進。

Q：雕像展現出的是這些人物面容扭曲的痛苦，還是因為這個痛苦反而讓人物顯得更美？

| 《拉奧孔群像》，公元前一或二世紀，梵蒂岡皮歐克雷蒙提諾博物館。在特洛伊戰爭期間，拉奧孔與兒子們遭受蟒蛇的攻擊。

1 | 譯注：就法文字面意是「去除（dé）—品味（goûte）」。

哲人看法

——————

TEXTES

文本閱讀 1-1

康德

依曼努爾・康德 Emmanuel Kant
1724-1804

Q1：藝術什麼時候發生？

藝術價值在於事物本身的特質，還是在於人們看待它的眼光？假如我們感到要辨識何謂藝術與非藝術是如此困難，或許是問題問得不夠好。

藝術的美不同於自然的美

即便是現實中某個醜的事物也可能透過藝術而改變樣貌。因此必須區分事物的美與它們在藝術上的呈現，這牽涉到兩種品味的判斷。

自然之美是一個美的事物；藝術之美是對事物一種美的表象。

為了判斷自然之美為自然之美，我事先不需有此對象應當是什麼事物的概念；也就是說，我不必知道 [此對象的] 實質的合目的性 (materiale Zweckmäßigkeit/ finalité matérielle)（目的）。反之，在判斷過程中，純然的形式自身——即便不知其目的——就足以令人喜好了。但是，如果此對象是作為藝術成品而被給予，同時因為作為藝術成品而應當被解釋為美時，那麼，由於藝術永遠在原因（及其因果性）[1]中預設了一個目的，就必須先有一個此對象應當是什麼樣的事物的概念作為立論的基礎。[2]

> 康德，《判斷力批判》，〈對崇高的分析〉（第48節），1790年。
> AA, Bd. V, 1913, S. 311（188），根據原文校譯。

Q：為什麼「美」的意義跟當我們談到某個「美麗事物」以及「美麗的呈現」時，會有所不同？

Q：根據康德，審美判斷是否需要以事先的認知 (une connaissance préalable) 為前提？

Q：例如為什麼閱讀波特萊爾《腐屍》一詩，所產生的種種情感會與看到真正的屍體不一樣？

｜耶羅尼米斯・波希 (Jérôme Bosch)，《人間樂園》(*Le jardin des délices*)，1503 年（繪製地獄樣貌的三聯畫，此圖為其中酷刑與懲罰的細部放大圖），馬德里普拉多美術館。

1｜所有作品都以一種明確的目的而製作，可以被視為如同其原因。自然的美卻反而，至少是在我們的認知裡，不遵循任何的目的。

2｜藝術作品應該相關與其製作的目的（它的「概念」）來被審視，但自然的美的簡單形式就已足夠，因為它自己就能自我滿足。在兩個情況中來看審美判斷並不相同。

藝術作品不是物品而是一個事件

文本閱讀 1-2

古德曼

尼爾森・古德曼
Nelson Goodman
1906-1998

尼爾森・古德曼認為，「何為藝術？」這問題問得不對，他提出對藝術本質的不同思考。與其說藝術是某些物品的特性，不如說藝術是某些事件的功能。

美學文獻對於回答「什麼是藝術？」充斥著令人失望的嘗試。這一問題常令人無奈地與「什麼是好的藝術？」這種藝術評價的問題混淆，在隨手可得的現成物藝術（l'art trouvé）上——把路上撿拾的石頭放在博物館展示——爭論則更激烈。隨著所謂環境藝術[1]與概念藝術[2]的推廣，何謂藝術的問題更是加劇。在藝廊中展出一條失事的汽車保險桿是藝術作品嗎？至於那甚至不是物件也不在藝廊或博物館中展示的作品——例如歐登伯格（Claes Oldenburg, 1929-）[3]在中央公園所做的，挖鑿一個洞並填滿它——又該怎麼說？假如這是藝術，那所有路上的石頭，所有的物品以及事件，是否都是藝術？否則，何以區分哪些是藝術作品、哪些不是？只要是藝術家稱之為藝術作品就是嗎？只要在美術館或藝廊展覽就是嗎？沒有任何答案可以帶給我們確信。[…]

部分的尷尬來自人們問錯了問題——人們無法辨識出一個事物能夠在某些時刻，而非其他時刻，具有藝術作品般的功能。對於關鍵情況，真正的問題不是「哪些物品（會一直是）是藝術作品？」而是「一個物品何時可作為藝術作品？」或者問得更簡潔，如同我的標題所示：「藝術什麼時候發生？」

我的回答：正如物品在某些時刻與某些情況下可以當作象徵——例如標本——，同樣地，在某些時刻而不在其他時刻，物品也可以是藝術品。

事實上，物品會成為藝術品，是因為也當它某種程度具有象徵的功能。當一顆石頭在路上，它通常不是一件藝術品，但當它被放在美術館中觀看，它可以成為一件藝術品。

> 尼爾森・古德曼，〈藝術什麼時候發生？〉，《製造世界的方法》，1977年。
> M-D. Popelard 譯本，「Rayon arti」系列，Chambon 出版，1992年，89-90頁。

Q：安迪・沃荷所使用的「現成物」原理，在於將一件生活物品當作藝術品呈現。這就足以讓這件物品真的成為藝術品嗎？

1｜藝術介入自然環境，因此融合了康德所區別的自然之美與藝術之美。

2｜非物質化的藝術將概念或藝術計畫變成真正的藝術。

3｜美國當代藝術家。

「是觀看者創造了畫作。」（杜象）

定義

「現成物」（ready-made）指的是藝術家使日常物件脫離它的實用功能，而以藝術作品呈現。

丹托

亞瑟·丹托 Arthur Danto
1924-

是脈絡造就了藝術品

對亞瑟·丹托來說，物品需要同時具有空間以及理論的脈絡才能成為藝術品。必須要有相當的藝術概念，才能明白脈絡在哪裡。

普普藝術家安迪·沃荷（Andy Warhol）先生，展出了「布瑞洛箱」（Brillo Box）的複製品，一個接一個堆疊，整齊堆放如同在超市倉庫那樣。其實這些箱子是用木頭做的，塗上漆料，為了看起來像是（肥皂）紙箱，有何不可？[⋯]。這無關乎布瑞洛箱是否能是好藝術，更遑論是偉大藝術。令人驚奇的是，這關乎藝術。但假如這是藝術，為什麼在倉庫中普通的布瑞洛箱就不是？是因為倉庫不是藝廊。[⋯] 在藝廊之外，它們就只是一般的箱子。藝術家無法只是產出一個真實的一般物件。他產出的是一件藝術品，他使用「布瑞洛箱」只是藝術家所擁有的資源的延伸，是對藝術作品材料上的貢獻。最終區別出布瑞洛箱與由布瑞洛箱組成的藝術作品之間的差異，在於藝術理論。是理論將它帶入藝術的世界，讓它免於被簡化成實際的物品本身。當然，若沒有理論，我們也許不會將它視為藝術，而最終要將理論視作如同藝術世界中的一部分，我們必須對藝術理論，以及對近代繪畫史有十足的掌握。這在五十年前不可能會是藝術。[⋯] 世界要準備好接受某些事物，藝術世界與真實世界都一樣。在今日，且一向如此，藝術理論扮演著讓藝術世界與藝術得以可能的角色。我會認為拉斯科洞窟壁畫的繪者從來沒有想過自己正在這面牆上創作藝術，除非新石器時代已經有美學家存在。

| 安迪·沃荷，《布瑞洛箱》，1964年作品。

丹托，《分析與美學的哲學——藝術的世界》，1988年。D. Lories 譯本，「Librairie des Méridiens」系列，Klincksieck 出版社，195頁。

關鍵字區分

絕對的（absolu）／相對的（relatif）

相對性理論認為，沒有以絕對方式存在的藝術本身，只有存在於某個特定觀點、相較某個脈絡、在某個特定情況下的藝術。

Q：丹托的命題是否讓藝術變得相對？
Q：誰可以決定藝術是否發生以及何時發生？

馬樂侯

安德烈·馬樂侯 André Malraux
1901-1976

藝術概念的誕生

藝術的概念甚至是晚近的發明，對馬樂侯來說，尤其與宗教在社會中價值逐漸式微有關。以前人們所「視」為神聖的物品上，我們現代的眼光讓我們「看見」了藝術作品。

為了要讓過去具有藝術價值，藝術這概念必須存在；要讓基督教徒將一座古代的神像當作一座雕像，而不是一個偶像[1]或什麼也不是，必須要讓他在看到聖母像之前，先從聖母像中看到一座雕像。[⋯]

1 | 某個神靈的物質性呈現。廣義上來說，或許是受到過度的崇拜物品。

比起希臘或埃及，或比起我們現在用藝術一詞所表達的概念，中世紀所設想的並沒有比較多，希臘或埃及甚至沒有字來表達藝術。要讓[藝術]這個概念能夠出現，必須要讓作品與它們的功能分離。如何將從前是維納斯的某個維納斯雕像，以及從前是耶穌基督的某個耶穌十字架 (Crucifix) [2] 能夠與半身雕像做結合？但我們可以結合三個雕像 [3]。在文藝復興時代，基督宗教從服務於其他神祇的形式中，選擇它所專屬表達方式，開始湧現 [4] 我們稱作藝術的特殊價值，也變得與它過去所信奉的高尚價值具有同等的地位。喬托 (Giotto) [5] 的《基督》，對馬內 [6] 來說是一幅藝術作品，但馬內作品《被天使圍繞的基督》對喬托來說，卻什麼也不是。

馬樂侯，《沉默之聲》，1951年，Gallimard出版社，51-51頁。

[2] | 耶穌在十字架上受刑的呈現。
[3] | 這個結合在宗教建築物中不可能出現，但可能出現在博物館中。
[4] | 出土、生成。
[5] | 十四世紀的畫家，因此屬於中世紀。
[6] | 十九世紀的畫家，更是位創新者。

理解命題的論據 —— 文本閱讀 1-4

命題：藝術的概念本身並非自然而然的，而且在歷史上很晚才出現。

論據一：看待聖母像的方式有兩種：一種是如同雕像，也就是說如同藝術品（聖母的呈現是偶然的）；另一種是視之如同聖母（塑像的造型是偶然的）。

論據二：當基督宗教仍是強勢宗教時，人們會在聖母像前俯身或祈求。但現今則反過來，人們會對它投以好奇的眼光，同時也欣賞它的製工、它的美等等，卻不在乎它的意義。此後，只有美學價值才算數，而不再是宗教或儀式性的價值。

論據三：博物館的發明標記了這個歷史過程的完成，創造出藝術之所是的這個新概念。

問題：人們如何能在創造作品時，不會意識到作品的意義？

關鍵字區分

必然的（nécessaire）／偶然的（contingent）

必然的是指那不可能不是如此存在的，也不可能以其他方式存在的。反之，偶然的是可以以其他方式存在的。我們所欣賞的某個聖母像呈現出的雕像之美，這是偶然的，因為即使雕像呈現的是另一個人物，作品的美學特質也可以是相同的。

從文本到論證 —— 文本閱讀 1-1、1-2、1-3、1-4

透過這些提出的文本以及你個人的反思，回答下列問題：

—— 一件平凡且醜陋的物品能夠以藝術方式來呈現嗎？它可能變成藝術作品嗎？這事常有嗎？

—— 為什麼並非所有人都承認「現成物」可以是藝術？哪一方有理？

—— 埃及的木乃伊難道不是更應該在金字塔中而不是在博物館裡嗎？請說明你的理由。

Q2：藝術有什麼用？

藝術的實踐是普世皆然的，無論是從歷史的角度（從最原初繪製在石壁上的繪畫到當代藝術）或從地理的角度（任何文化都至少懂得唱歌或音樂）來看。或許，藝術是在回應某種需求，以及某種用途。不過，那會是什麼呢？

文本閱讀 2-1
黑格爾

費德利希・黑格爾
Georg Wilhelm Friedrich Hegel
1770-1831

荷蘭畫家使日常生活得以昇華

黑格爾十分仰慕十七世紀荷蘭畫家的藝術。這些畫家以細緻的手法重現同時代人們的日常生活，使生活樣貌為之改觀，那些看起來可能最微不足道的動作背後的精神，也因此得以看見。

在繪畫中，畫作的內容是什麼，完全無關緊要，什麼都可以，甚或包括藝術創作之外，一些我們在日常生活中偶爾和一時才會感興趣的事物。例如，荷蘭的繪畫就懂得以這種方式，將存在於自然的、稍縱即逝的表象，由人重新創造，並將它們轉化為成千上萬的各種效果。絲絨、金屬的光澤、光線、馬匹、僕役、老婦、農夫，從菸斗呼出裊繞的煙霧，透明酒杯中有紅酒閃爍的光，幾個小伙子穿著髒汙外套、玩著老舊的牌：像這些及其他千百種事物，都是我們平日生活中很少去注意的——因為我們在日常生活中，即使玩牌、飲酒或一起聊得天南地北時，我們感興趣的是完全不同的東西——而繪畫，將這些日常事物呈現在我們眼前。同樣的事物，只要內容由藝術加以呈現，而我們因此接受它們為藝術的內容，這時我們所接受的，正是這些事物的表象和呈現，這是由精神（Geist, l'esprit）所創造出來的，是精神對整個物質世界的外在與感官印象，予以加工，將之轉化成最內在的世界。因此，我們並未看到真正存在的羊毛、絲綢，也沒有真實的毛髮、玻璃、肉與金屬，我們看到的就只是顏色，而且我們看到的，也不是大自然的真實現象所必需的完整空間向度，而只是一個平面，然而透過繪畫，我們卻擁有觀看事物的角度，如真實事物所給予我們的一般。

[...] 透過藝術的理想性，藝術也同時提升原來一文不值的事物，她完全不在意它們毫無意義的內容，把它們當做自己專注的目標，並使它們成為目的本身，引起我們的同情共感，否則那些事物將是我們平常忽略、任其擦身而過的。藝術以同樣的方式，看待和重視時間，因而藝術中的時間也是理想性的。自然世界中匆促即逝

關鍵字區分

個別的（singulier）／普遍的（universel）

個別的是單獨個別的，完全與其他事物或存在有所區別。普遍的則是永遠的、放諸四海皆準的，毫無例外。

| 揚・維梅爾（Jan Vermeer），《倒牛奶的女僕》，1658年，油畫（46×41cm），收藏於阿姆斯特丹國家博物館（Rijksmuseum）。

的事物，被藝術捕捉而延續不滅；一個很快就消失的微笑，一個突然在嘴角出現的滑稽動作，一個眼神，一個瞬間的光影，還有人們生活中的各種精神面貌，來來去去的意外和事件，都是反覆出現又不斷被遺忘的事物——藝術從自然瞬間的存在中，抓住了一切及個別的事物，因此在這個關係中，藝術克服了自然。

黑格爾，《美學講稿》，第一部分，第三章，Frankfurt a. M.: Suhrkamp Verlag, 2. Aufl.，1989年，214-216頁，根據原文校譯。

關鍵字區分

理想的（idéal）／現實的（réel）

理想的事物只存在於概念上，這與實際上可以觀察到的現實的事物相對立。將某一場景「理想化」就是讓某個場景的意象得以呈現，並使這個意象的呈現也存在於概念的層次上。

根據維梅爾畫作來理解黑格爾的命題

請觀察《倒牛奶的女僕》這幅畫作：她在十分平凡的物件上，完成了一個非常短暫的動作（倒牛奶），而她本身並沒有特出的美，也沒有重要的社會地位。然而，因著畫作的素質，直到今日我們仍然以讚賞的眼光看著這可能在發生後幾秒鐘就會被遺忘的一幕。黑格爾就是從這個面向指出，藝術會給予最庸俗且最平凡無奇的日常現實另一個面向。作品能夠讓事情變得有趣，假如沒有作品，這些事情或許永遠不會引起我們的注意，或可能就此遭到遺忘。藝術也因此是精神的展現，而非對自然的模擬。

悲劇淨化如同靈魂的昇華

文本閱讀 2-2

亞里斯多德

亞里斯多德 Aristote
公元前384-322

按照亞里斯多德所說，悲劇的淨化作用是藉由抒發某種強烈的負面情緒或激情，從中得到解放的機制。這種淨化（或根據另一種可能的翻譯——滌淨）建立在恐懼與憐憫之上，透過對它們的演出，同時在亞里斯多德的《政治學》與《詩學》中被理論化。

2a. 我們看見當這些人[1]借助音樂將靈魂從自身脫離出來，因為神聖的旋律，人們就回復到他們的正常狀態，如同服了特效藥且經歷了淨化過程，[…]也就是說一種伴隨著愉悅而得到釋放。

亞里斯多德，《詩學》，P. Pellegrin譯本，「GF」系列，Flammarion，1990年，543頁。

2b. 悲劇是對崇高人物行動的模仿[…]，模仿是透過一些在行動中的不同人物，而不是藉由敘事的方式完成，而模仿在激起憐憫與恐懼中，進行著對這類情緒的淨化。

亞里斯多德，《詩學》，J. Hardy譯本，1845年，「Tel」系列，Les Belles Lettres，1996年，87頁。

| 卡拉瓦喬，《美杜莎》，1958年，收藏於佛羅倫斯烏菲茲美術館。

| | 那些喜歡聽音樂的人。

Q：何謂「對崇高人物行動的模仿」？為什麼對亞里斯多德來說，這樣的演出能夠觸發淨化效果？

Q：這種解放如何進行？是一種醫學治療嗎？還是一種轉移？

Q：俗諺「音樂可教化人心」，是否可以作為淨化過程的參照？

Q：你是否曾經在看完戲劇、電影，或是閱讀一本書之後，覺得變得有所不同？何種作品特別會產生如此的效果？

文本閱讀 2-3

哥堤耶

泰奧菲爾‧哥堤耶 Théophile Gautier
1811-1872

「有用的都是醜的」

「為藝術而藝術」的主張首先要從反面來了解：藝術是沒有實際用途（政治、道德、宗教等）。它唯一的目標，就是追求美。

沒有什麼美的事物是對生命不可或缺的。──我們可以除去花朵，世界從物質上來說並不會因而痛苦；但誰會希望不再有花朵呢？我寧可放棄馬鈴薯而不是玫瑰，而我相信世界上只有功利主義者會為了種植甘藍而拔除一座鬱金香花園。

女人的美有什麼用？女人只要在醫學上符合可以生孩子的條件，她對經濟學家[1]來說永遠是好的。

音樂有什麼用？繪畫有什麼用？誰會瘋狂喜歡莫札特勝過卡賀耶(Carrel)[2]、喜歡米開朗基羅勝過白芥末的發明人？

真正美的東西是毫無用處的：一切有用的都是醜的，因為那是某種需求，以及不入流與噁心之人所傳達出來的，如同他貧瘠且殘缺的本質。──一間屋子最有用的地方，就是茅坑。

我，儘管讓這些人不開心，我就是屬於那些認為多餘的就是必要的那種人，──而我更喜歡那些以相反理由來服務我的事物與人。

哥堤耶，《莫班小姐》，序言，1835年。

1｜在這裡是嘲諷的意思，女人的美是神秘且無可定義的。她的意義不該被簡化為身體健康或具備生育的實用能力。

2｜阿蒙‧卡賀耶（Armand Carrel, 1800-1836），法國記者、歷史學者與評論家。

Q：請解釋「多餘的是必要的」這句話。

Q：對哥堤耶而言，人們是否能說藝術是用來創造美？

Q：作者寧可放棄馬鈴薯而不是玫瑰，那你呢？

包浩斯學院

　　包浩斯（Bauhaus）是1919年由華特・葛羅培斯（Walter Gropius）在德國威瑪所創立的學院，後來搬到德紹。包浩斯學院的成員確信，藝術（與建築）必須要與現代工業結合，他們致力於生產兼具美感與實用性的日常生活物件。學院提供的課程同樣也涵蓋了美學與量產的技術。包浩斯學院在今日被視為設計發展的開創者。

　　請見網站：www.bauhaus-museum.de。

| 建築師華特・葛羅培斯於德國德紹的包浩斯學院，建於1925年。

| 路德維希・密斯・凡德羅（Ludwig Mies van der Rohe）設計的《MR》單椅，1927年，收藏於紐約現代藝術博物館。

| 瑪麗安・布蘭特（Marianne Brandt）設計的茶壺，1924年。

Q：包浩斯的創作是藝術品還是技術性的產品呢？請提出你的論證。

從文本到論證──文本閱讀2-1、2-2、2-3

閱讀這些文本與歷史檔案並根據你的個人思考，思索下列問題：藝術是奢侈品嗎？「奢侈品」這個詞可能有兩種涵義。一種是指很昂貴的事物，另一種則是指多餘的且無用的事物。上述幾篇文本與文獻資料可用來處理這第二層涵義。

──對黑格爾而言，藝術不僅不是無用的，甚至還回應了人類某種根本需求。他指的是哪種需求？

──對亞里斯多德而言，藝術對自身似乎不是必要的，但它卻很有用。他指的有用是對什麼而言？

──對哥堤耶而言，藝術是奢侈品？為什麼？

──包浩斯的產品如何能夠讓自身成為超越藝術之有用與無用之間的選擇？

Q3：所有人都是藝術家嗎？

當藝術作品的再製變得普遍，加上藝術與娛樂之間的區隔也變小，藝術是否仍需以「天賦」（就原創性與典範性而言）為必要條件？我們如何能成為藝術家？如何達到藝術上的成就？

文本閱讀 3-1

柏拉圖

柏拉圖 Platon
公元前 427-347

藝術家沒有繆斯便一無是處

對柏拉圖而言，詩人的處境是很曖昧的：他是憑藉著超然的力量、神授的靈感，才顯得才華洋溢。沒有神授的靈感，他什麼也不是。詩人是單純的信使，他本身並沒有任何「技藝」，創造彷彿就在他身上完成，但這卻不是來自於他。

| 保羅・塞尚（Paul Cézanne），《詩人之夢》，1860 年，油畫（66×82cm），收藏於巴黎奧賽美術館。

1 | 宗教讚歌。

2 | iambes：方法嚴謹有押韻的詩。

詩人是有翅膀、輕巧且神聖的。在上天的啟發讓他失去理智，且被剝奪他所擁有的智力之前，他並未進入寫作的狀態。只要他一直維持原有狀態，就無法寫詩或吟詠神諭。

或者，既然詩人不是因為某種技藝而寫作，並對他們處理的主題發出如此美妙的描述——也不是當你談到荷馬時——這是由於神聖的恩典，每位詩人只有在繆斯推動他的時候，才能做出好的創作。這樣的詩人，擅長酒神讚美歌[1]；那樣的詩人，擅長頌詞。這位擅長舞蹈的頌歌，那位擅長史詩詩句，最後一位則擅長抑揚格[2]。又或是，當這些詩人嘗試詩的其他類型的寫作，他們就又變成了平庸的詩人。詩人不是因為某種技藝而朗聲頌讀他們的詩，而是多虧有神聖的力量。事實上，如果他們是因為某種技藝而擅長某種風格的表達，他們應該也擅於表達任何一種風格。

柏拉圖，《伊安篇》，M. Canto 譯本，「GF」系列，Flammarion 出版，1989 年，101-102 頁。

Q：藝術家能以哪一項才能自誇？
Q：對柏拉圖來說，藝術家是否比其他人都優越？

定義

繆斯（Muses）是介於神與詩人之間的媒介。每一位繆斯都擅長某項獨特的藝術類型。

製造不是創造

阿蘭指出技術性的物品是有用的，而且它要回應著某種必須要獲得滿足的需求。但反過來，在藝術作品的例子中，創造的實現先於概念。藝術家也因此不是受到某種概念的「啟發」，創作首先是先與物質材料接觸。

現在有待說明的是藝術家與工匠的差別為何？當每次概念先行且支配執行的，都是「產業」[1]。而即便在產業中，作品時常修正原先概念，在這意義上，工匠發現到比他開始試驗時所沒有想到的概念來得好；這時他是個藝術家，但只是稍縱即逝的。總是在某個事物上呈現某個概念，甚至是如同一間房子的草圖這樣意義明確的概念，都只是一件機械化式的作品，在這個意義上，這首先是一部受到良好校準的機器，可做出上千樣本的作品。現在讓我們試想肖像畫師的工作，很顯然，在他開始前，他無法知道他會用在作品上的所有色彩計畫。念頭會隨著他的作畫而來，甚至嚴格一點來說，這想法是後來才有的，如同觀眾，而他也是他正在成形作品的觀眾。而這就是藝術家的特性。天賦必須要有自然的恩典，且為自身感到驚奇。一句美麗的詩句不在一開始的預料之中，而是後來形成。但美麗的詩句向詩人展現出美，而美麗的雕像是在塑形過程中，逐步向雕塑家展現出美；肖像也在畫筆下誕生。［…］因此美的規則只有在作品中出現，被作品所捕捉，也因此美的規則無法以任何方式被應用到其他作品中。

阿蘭，《美術系統》，1920年，「七星」文庫，Gallimard，1961年，239-240頁。

Q：根據這篇文章，藝術家與工匠之間的差異為何？
Q：阿蘭說工匠可以是藝術家，「但只是稍縱即逝的」，這是什麼意思？
Q：請指出在藝術裡，規則是「內在」於作品之中。

[1] 這裡「產業」（industrie）指的是一種專有技術，等同於「技藝」。

關鍵字區分

超越（transcendant）／內在（immanent）

說 A 內在於 B，A 就和 B 屬於同樣的存在層次。如果 A 屬於更高層次，A 就是超越 B 的。阿蘭指出，一件藝術作品不會服膺於某個加諸其上的外來規則，而是自行創造出自身被欣賞的方式。

從文本到論證──文本閱讀 3-1、3-2

運用上述文本回答這個問題：「藝術家知道自己在做什麼嗎？」
把這三個參考部分整合到文章中。

第一部分：人們可以比較藝術家與工匠的工作，去解釋小說家或電影導演等，心中是有個腳本指引他的創作方向。

第二部分：人們可以接著修改第一個觀點為：藝術家的特質
是，他在創作的同時發現到他的作品。他是在創作的即興發
揮中讓自己感到驚奇，例如某個電影或某個小說的一些角色，
是在擁有他們自己的性格或是行事邏輯後，才完成他們的
角色。

第三部分：我們可以把這個命題推展到更極端：作品超出藝
術家靈感的掌握之外，超越藝術家，最後，藝術家不需要為
作品負責。

確實理解了嗎？將以上三個部分，分別連結到以下三篇文本
的概念中：文本閱讀 3-1 的命題、文本閱讀 3-2 的命題，以
及文本閱讀 3-2 所要駁斥的意見。

— 文獻資料 DOCUMENT —

| 照片，霹靂舞姿，2007年。

霹靂舞（Breakdance）

　　霹靂舞是 1970 年代誕生於紐
約的舞蹈風格，尤其是在大都會中
心的某些地區中進行，特色是多在
地板上進行許多特技姿勢。霹靂舞
有獨舞也有團體舞，觀眾會圍成幾
公尺寬的圓圈，舞者就進入圈內跳
幾分鐘。

文本閱讀 3-3

尼采

費德利希・尼采 Friedrich Nietzsche
1844-1900

沒有所謂的藝術「奇蹟」

　　藝術家是否是異於常人的天才？即便人們各自提出可以相信這
種說法的理由，尼采對每位藝術家都是天才的偏見提出質疑。

　　但是撇開我們虛榮的唆使不論，天才的活動看起來與機械的發
明者、天文或歷史學者、戰略專家的活動，完全沒有某種根本上的差
別。[…] 人類的每個活動都是令人驚奇地複雜，並不是只有天才的活

動，但是沒有任何一個是「奇蹟」。然而，認為只有在藝術家、演說家和哲學家那裡才存在著天才，認為只有他們才擁有「直覺」，這樣的信念來自何處？（由此，人們將他們歸為戴著神奇眼鏡的一類，藉著神奇眼鏡能夠直接看到「本質」）只有在偉大的智性作用對人們是最舒適的、而人們又不想對之感到嫉妒之處，人們才會顯明地談論天才。稱某人是「神聖的」就意味著「在此我們不需要去競爭」。然後：一切完成者、完美者被讚歎著，一切生成過程被輕視。現在，沒有人能夠在藝術家的作品中看到它是如何形成的；這是它的有利條件，因為人只要在可以看見[藝術作品醞釀]生成的地方，人就會冷淡下來。完美的表演藝術拒絕所有關於生成過程的想法。藝術作品作為在眼前的完美壓制其他一切。因此表演藝術家優先被視為是天才的，而不是學術研究者。事實上，這種重視和輕視都只是理性的幼稚行為。

尼采，《人性的，太人性的》第一冊，第四章，162節。KSA 2，152頁，根據原文校譯。

Q：哪兩種原因會讓人去相信某些藝術家是天才？指出其中之一建立在舒適之上，另外一個建立在無知之上。

Q：是否不該再相信藝術家是天才，或反過來要認為工程師或技術員也可以是天才？

文獻資料 DOCUMENT

原生藝術（L'Art brut）

　　原生藝術是由畫家尚・杜布菲（Jean Dubuffet, 1901-1985）所發明的詞彙，用來指稱由非專業者（也就是未經藝術訓練、與藝術圈有距離的人）所實踐的藝術形式。

Q：原生藝術是在否定文化嗎？或者是在尋求創造一種新的文化形式？

| 尚・杜布菲，《美麗裝扮》，1973年，環氧聚氨酯，於巴黎杜樂麗花園。

Q4：審美判斷應該被教育嗎？

品味的確隨著時代、文化與社會型態而變化。但是否要因為審美判斷永遠無法一致而沮喪？與其退卻讓步，我們是否能設想一種審美能力，這種康德口中「欣賞並判斷美的能力」教育呢？

文本閱讀 4-1

休謨

大衛・休謨 David Hume
1711-1776

我們欣賞藝術作品如同品嚐菜餚

我們評斷一件藝術作品是否如同品嚐菜餚呢？這似乎是休謨在下文所認為的，在美這件事上，並不存在任何標準[1]，也沒有任何真理。

「我們覺得味道似乎不好，是因為我們沒有處在品味欣賞的心情。一刻鐘之後或一刻鐘之前，它可能是饒富風味的。」（儒勒・雷納爾，《日誌》）

在各種人對同一主題的千百種意見上，只有一種意見是正確且真實的。而唯一的困難是要定義這個意見，並且使它變得確定。反過來，千百種受到同一物品所引發的不同感覺，都是正確的，因為沒有什麼感覺能真正代表物體中的感覺是什麼。它只是表現出某種程度上的一致性或一種介於物體與器官或心靈功能之間的關係，而假使這種一致性實際上不存在，從任何可能來看，感覺永遠也無法存在。美不是事物本身內在的特性，它只存在於對它凝視的心靈之中，而每個心靈感受到某種不同的美。一個人看見醜惡之處，另一人可能在其中看到美。而每個個人都應該已默認了自己的感受，而不要自以為能夠規範他人的感受。追求真正的美或真正的醜，如同宣稱要證實真正的甜美或真正的苦，都是徒然的。隨著各種感官所具備的能力，同一件物體可以同時是甜美與苦澀的。俗話說的好，想要爭論品味這事是徒然的。

休謨，「論品味的標準」，《美學論》I.XXIII.8，1755年。
R. Bouversse譯本，「GF」系列，Flammarion，2000年，140頁。

[1] 用來對某價值判斷作為參考的準則或規則。

Q：何謂「每個個人都應該已默認了自己的感受」？有可能不認同自己的感受嗎？

Q：休謨支持根據不同的觀點，美是可變的，如此看來他是一位相對主義者嗎？

文本閱讀 4-2

康德

依曼努爾・康德 Emmanuel Kant
1724-1804

當我們說「好美」時，指的是什麼？

對康德而言，審美判斷處於某種矛盾的核心之中：這種單一的判斷，卻帶著某種普遍性的主張，而與個人的單純情感區分開來。

就舒適感而言，人們會滿足於[以下說法]：他所做的判斷是建

立在他個人情感之上,是藉此表達對某物喜好的判斷,這個判斷僅只限於他個人。也因此當他説:加那利群島的氣泡酒是令人舒適的,而旁人試圖糾正他的表達方式,提醒他該説的是:這氣泡酒對我而言是舒適的,他也會欣然滿意。這不僅僅適用於舌尖上、口腔中和喉頭上的味道,同樣適用於每個人的耳朵和眼睛所感受到的舒適。有人喜愛管樂器的音色,有人偏好弦樂器的聲調。以此意圖去爭論,為了責備與我意見相左之人的判斷的不正確,視其為邏輯上的對立加以反駁,是狂妄愚蠢的舉動。就舒適感而言,其所適用的基本法則為:人各有其鑑賞品味(感官的鑑賞品味)。

論及美則截然不同。當一個自豪於自身鑑賞品味的人,認為可用以下的話語為自己辯護:這個對象(我們所見的建築物、別人所穿的衣服、我們所聆聽的音樂會、有待我們評價的詩篇)僅僅對我而言是美的,這將會是(恰恰相反)非常可笑的。因為如果他僅僅只是喜歡某物,他無需將此物稱為美。[⋯]一旦他聲稱此物為美,他期待別人與他有同樣的愉悅。他不僅僅是為自己下了這個判斷,而是為每個人下了這個判斷,正因如此當他談論美時,彷彿美是一物的屬性。因此當他宣稱:此物為美,他不會因為他人曾經多次與他看法相同而期望他人贊同他所下的愉悅判斷,而是要求他人與他同意一致。當有人作出不同的判斷,他就指責此人,否認此人具備了他所要求的、應有的鑑賞品味。就此而言我們不能夠説:人各有其獨特的鑑賞品味,這將意味:不存在任何鑑賞品味,亦即,不存在任何能夠合法要求他人必須意見一致的審美判斷。

康德,《判斷力批判》,「美的分析論」第7節,
AA, Bd. V, 1913, S. 212 f(18 ff),根據原文校譯。

| 維倫多爾夫的維納斯(La Vénus de Willendorf)。石灰岩雕像,公元前23000年(早於舊石器時代)。尺寸:11公分。維也納自然史博物館。▶ Q:這件呈現女性身體的作品,是否符合現下對女性的美感標準?

關鍵字區分

普遍的(universel)/ 個別的(singulier)

普遍的是絕對有效,毫無例外的:當所有人同意這項判斷,這判斷就是普遍的。當一項判斷只屬於個人,這判斷就是個別的。

Q:在這篇文本中,何謂「要求」他人贊同:是命令或期望?在你的經驗中,這個要求是可以被確認,還是無法確認的呢?

Q:解釋「當他談論美時,彷彿美是一物的屬性」這句話中「彷彿」一詞的用語為何。

Q:找出你認為令人愉悅的樂曲或影像的例子,以及其他你覺得美的事物的例子。你的選擇是否能闡明康德所建立的差別?

從文本到論證——文本閱讀4-1、4-2
請指出對休謨而言,美屬於感受,是主觀的;而對康德來說,卻是屬於判斷,傾向於客觀。請據此推論品味判斷的普遍性為何。

資產階級利用藝術來讓自己顯得與眾不同

　　對戈布洛而言，藝術在十九世紀末時被資產階級化，甚至變成只保留給內行人，讓他們因此自認為是菁英。

　　在上世紀倒數第二個十年中，一種演進已然形成，使得這風氣改變了：藝術已成為時尚 […]。時尚混淆了藝術根本的原創性以及與藝術無關 [由階級所區分出] 的高貴：創意是個人的，高貴是群體的。這混淆的結果使得藝術無法讓所有人接近，不僅要求要有某種程度，還要帶有某種文化品質，對一般大眾封閉，只對內行人開放。資產階級為藝術帶來的是築起障礙。既然是障礙，也必須是要有水準的，也就是說一切在障礙內這邊的必須是內行或是超越內行的。

戈布洛，《障礙與水準》，1925年，Felix Alcan 出版社，145-146頁。

Q：誰會力圖限制藝術的傳播，誰又會力求讓大眾都能接觸藝術？
Q：創意與高貴之間的差異為何？

| 安德烈・德蘭（André Derain），《李奧河上的橋》，1906年，油畫（85.5×101.5 cm），紐約現代藝術博物館。這幅畫作是典型的「野獸派」作品（這詞最初被用來揭露一群用色大膽，色調相當直率，近乎挑釁刺眼的藝術家）。

黑格爾，《美學講稿》

口試

> **對藝術進行哲學思考有何用？**

1. 藝術較不隸屬於感性……

藝術能夠作為思想研究的對象，或是哲學對它有些看法，這個概念絕非理所當然。只用感性來感受作品且只專注在享受它們帶來的喜悅，難道不夠嗎？有什麼需要談論、評論並分析它們的地方呢？同樣地，沒有任何道德論述能夠讓人變得更道德，沒有任何美學理論能讓人更懂得欣賞藝術這難以捉摸而獨特的存在。我們最多會談到使用的技巧、歷史背景、藝術家的生平等等，而非作品本身。藝術這門科學似乎永遠都缺少它的客體。

2. ……而是屬於精神性

黑格爾卻在《美學講稿》開宗明義地反過來捍衛哲學的確可以致力於藝術上的直接關聯性（而不僅是對藝術的批評或論述）。他在此回應了某些「對一種藝術哲學觀點的反對意見」，指出藝術本身已經成為一種被呈現出來的客體，能夠以理智與學術的方式被研究。

│ 馬克‧羅斯科（Mark Rothko），《無題》，1959年，纖維紙板油畫（96.2 × 63.2 cm），私人收藏。

作品介紹

黑格爾

費德利希‧黑格爾
Georg Wilhelm Friedrich Hegel
1770-1831

黑格爾的《美學講稿》確切上說來並非黑格爾自己撰寫的著作。這是1820年代他的藝術哲學講堂上學生手稿與筆記的集結。黑格爾在講堂中說明了藝術本質上是精神上的作品，而每一種藝術呼應了這一精神表達在歷史上的開展的時刻。從繁重且大型的象徵藝術（例如：埃及建築）到羅馬藝術（例如：基督教繪畫然後是音樂），中間歷經古典藝術（例如：希臘雕像），藝術的演化的特色，建立在為了純粹的觀念而消除物質之上。黑格爾同時也預示了藝術的終結，當藝術失去了一切物質性的特色而只為了純粹的觀念時，終將會被吸納到宗教與哲學之中。藝術，在它的眼中，已經是屬於過去，而這也是它讓位給美學思考的原因。

有人認為，即使美的藝術可以提供哲學思考，但是藝術還是不能成為真正知識探討的合適對象。因為藝術的美表現於感官的接收，如感受、直觀和想像力，她屬於思想以外的領域，我們對藝術活動和作品的理解，需要另一種官能，而不是知識性的思考。我們在藝術的美之中所享受的，正是藝術創作及形成的自由。[...] （原文 S. 26）「藝術或許可以被哲學思考，但終究不能成為系統性知識探討的對象」，這說法出於一個錯誤的想像，以為哲學的觀察可以是非知識性的。在此我簡單的回應是：無論對哲學或哲學思考的看法有何不同，我認為哲學思考與「知識性」是分不開的。[...] 因為哲學觀察對象，是要發掘其內在本質的必然性，使其開展，並提出證明。觀察所得的知識性，就是來自這種解釋及證明。[...] （原文 S. 27）的確，藝術的美所表現的形式，不僅與思想明顯對立，而且思想為了驗證自身，只好被迫將藝術的形式摧毀。

> 一般的看法一方面認為藝術與生活領域有清楚的對立；另一面認為科學與哲學領域之間有一種絕對性的對立。

[...] 有關認識藝術作品的可能性或疑難，這裡無法詳述，只能做簡短說明。

> 藝術是一種處於感性外觀下的精神活動。對它而言，物質是為了一種精神性目的而服務的手段。

藝術與其作品，因源自精神及其創造，所以她們本身就是精神性的，雖然藝術表達運用了感官的表象，實以精神穿透了感官。在這種關係中，精神及其思想與藝術之密切，遠勝於外在而無精神性的自然；在藝術作品中，精神就是為自身而存在。而且，即使藝術作品本身不是思想和概念（原文 S. 27-28），她也像是概念自己的發展，最後蛻變成為感官，而思想中的精神的力量就在於——精神在所謂思想的真正形式之中，並不只掌握它自己，也將自己交給了感受和感官，而且在當中認出自己（思想中的精神），把自己理解為他者，從而把疏離的他者再轉變為思想，最後回到了它自身。思想中的精神，勤於與它自己內在的他者互動時，並沒有因此背離思想自身，它從未忘記或放棄了自己，它也未失去理解他者的力量。相反的，它既能理解自己，又能理解與自己正好相反的他者。因為概念是普遍的，它包含了個別的整體，涵蓋自身及他者，所以當概念發展的走向與己身疏離，此時它將轉變為揚升疏離（棄存）的力量與活動。藝術作品，同樣屬於理解的思想領域，思想在作品中引退，而精神卻把藝術作品交給了知識的觀察，由此才滿足它自己本質上的需要。思想，其實就是精神的本質和概念，所以精神活動中的一切作品，必須以思想穿透，精神才能得到一切都真正屬於自身的滿足。[...]

> 精神能夠認出某種思想。當這個思想處於某種感性形式之下，也就是另一種、不同於感性形式的東西。

> 我們能說一切的藝術都是概念性的嗎？

藝術創作的原來方式，以及原來的藝術作品，現在已不再能滿足我們時代的最高需求；我們更進一步，要藝術作品能當神一樣的讚揚、崇拜；藝術作品如今給人不同的印象，她在我們心中引發的感動，需要接受更高的檢驗，以及不一樣的保證。[...] 思想和其思考，超越了美的藝術。如果人們喜歡指責和抱怨的話，可以把這種現象當成一種墮落 [...]，或抱怨這時代的危機，以及公民和政治生活的複雜

狀態，使圍於微小利益的情感，不能奢望在更高的藝術目的中得到自由。[...] 曾經有那麼一段時間，藝術不需滿足某種精神性的需求——那是過去的時代和人民在藝術中尋找，而且只能在藝術中獲得的精神。過去這種精神性的滿足，至少可以藉由宗教與藝術的緊密結合來實現。然而，古希臘藝術的美好年代，以及後來中世紀中期的黃金時代，已經一去不復返。(原文 S. 24-25) 現在我們的生活中，思想的教育——不論是關於意志或判斷——都把我們變成一定要追求普遍的觀點，依此再去規定個別事物，使所有普遍的形式、法則、義務、權利和公理，變成規制的理由及主要的統治者。然而，對於藝術的興趣，以及對藝術的創作，我們通常追求的是多一些活力。在這裡，普遍性不是以法則和公理而存在，而是與情感和感受同步的作用。就好像在幻想中，普遍性和理性可以與具體的感官表象融為一體似的。[...]

> 黑格爾引用了什麼平常益處與實用性的觀點？

現在，藝術對我們的真實性及活力，雖然已經消逝，藝術只存在我們的想像之中，不再實際擁有過去人們相信的必要性，也再無更高的位置了。如今，藝術作品在我們心中激起的感動，除了直接的快感之外，還有判斷——我們把藝術作品的內容與其表達媒介，以及關於兩者是否合適或不合適的問題，一併交給我們的思想觀察。(原文 S. 25-26) 在我們的時代裡，對藝術的知識需求，遠高於過去任何時代——以前藝術只要作為藝術本身，就已完全滿足了。藝術現在邀請我們思考觀察，而且不是為了要喚回藝術，而是為了知識性地認識藝術為何。

> 對黑格爾來說，這些精神性需求首要的是要認識自己。

(原文 S. 16) [...] 有人質疑，美的藝術是否值得知識性的探討。因為美和藝術就像一個友善的精靈，圍繞在生活的一切事物中，把外在和內在環境都妝點得令人愉快，她能緩解緊張嚴肅的關係，緩和真實的窘困，使慵懶化為一種樂趣，而且就算沒有帶來什麼好處，至少她即便扮演惡的角色，也勝於惡本身。然而，藝術到處皆有，從野人用水和土在牆上的簡易塗繪，乃至無窮財富所裝飾的華麗廟宇，藝術以她令人喜愛的各種形式介入，但這些形式卻顯得跟生活的真實目的無關，而這些藝術形式既沒有妨礙、甚至看來還有助於生活的嚴肅目的，因為她們（藝術的形式）至少暫時阻絕了惡，如此藝術比較屬於精神的緩解，即精神的舒緩，但是實質的興趣所需要的，卻是精神的艱勉。因此這容易造成一種印象，以為用知識性的嚴肅態度，想去探討本質並不嚴肅的事物，既不合適又迂腐學究。無論如何，根據這種印象，藝術似乎是處處豐饒的，倘若情感的舒緩促使美的事物增生，此一舒緩並沒有什麼害處。從這個觀點來看，甚至有必要把美的藝術——上述如此豐饒的藝術，就她與實踐的必要性關聯，以及進一步就她與道德和虔信的關係，加以保護，而且因為藝術的無害很難證明之故，至少要使人們相信，精神的這種奢侈享受是利大於弊。從

> 友善的精靈：藝術的力量能讓我們善用。

> 藝術與裝飾之間的差異為何？

> 在電影上，喜劇就比悲劇的藝術價值低嗎？

這個觀點，人們賦予藝術本身嚴肅的目的，（原文 S. 16-17）並經常將藝術視為介於理性和感官之間，或介於偏好與義務之間的中介者，在它們之間因許多相關因素帶來的艱困對抗和掙扎中，藝術被推舉為調解者。當然也有人認為，就算藝術具有這個比較嚴肅的目的，在藝術的調和嘗試下，理性和義務還是一樣沒有任何收穫，因為它們的本質就是純粹的，不能為此種交易妥協，而且它們要求的純粹性，就像它們自身所有一般。此外，藝術並不會因此更值得知識性的探討，因為她同時為兩方面效勞，而且在這更高目的之外，她還是一樣增益慵懶和輕浮，正是為此種活動效勞時，藝術不是以自身為目的，她的表現就只是工具而已。

> 認為藝術具有一種「任務」，是否是讓它屈服於一種實用性？

關於這個工具的形式，似乎向來工具總是處於不利的位置，藝術如果真的要為較嚴肅的目的效勞，並因此帶來較嚴肅的作用，那麼她使用的工具就叫幻覺 (Täuschung, l'illusion)。因為美的生命在於表象 (Schein, l'apparence)。我們很容易看出，一個本身為真實的終極目的，必定不是由幻覺所致，就算是用幻覺造成了或多或少的作用，這些也只是有限的；幻覺本身當然不會是正確的工具。因為工具要符合目的的尊嚴，而表象和幻覺卻不必如此。亦即，只有真實，才能夠創造出真實。知識即是如此，以真實的方式和真實的想像，去觀察精神的真實興趣。

（原文 S. 17）在上述的關係中，可能引起一種看法，認為美的藝術不值得知識性的探討，因為她只停留在愉悅的遊戲，而且就算藝術有較嚴肅的目的，（原文 S. 17-18）她也與這個目的的本質相互矛盾，換言之，藝術只能處於遊戲，又處於嚴肅，而她的存在要素，也就是她達到效果所需要的工具，只有幻覺和表象可用而已。[...]

> 重新恢復表象的地位。

（原文 S. 21）[...] 然而，一般而言，藝術中這個不值一提的要素，亦即所謂表象和其幻覺，如果可以被說成根本不該存在，那反對的理由就不無道理。[1]

> 本質必須要在某一時刻或其他時刻出現而被認識。

但是，表象對於本質，卻是本質性的[2]。真理若沒有表現出來，沒有呈現為表象，就不可能存在。[...] 因此，不是一般呈現的表象，而只有表象以特殊方式出現——當藝術以此扭曲真實的本身，才是被批評的對象。

1 | 譯注：指藝術不值得知識性的探討。
2 | 譯注：指不可或缺。

黑格爾，《美學講稿》導論。Frankfurt a. M.: Suhrkamp Verlag, 2. Aufl., 1989年，16-28頁，根據原文校譯。

| 李奧納多・達文西,《蒙娜麗莎》,油畫（77×53 cm）,收藏於巴黎羅浮宮。

口試題目

1. 從黑格爾的角度來看,藝術是會進步還是退步?你的看法呢?

2. 藝術本身就是目的,或者它是達到目的的手段?

3. 根據黑格爾,人們能夠說,在人身上存在著對藝術極其重要的需求嗎?

4. 藝術作品是投向我們的理性還是我們的感性,或兩者皆是?請就你的回答提出論證。

進階問題思考

PASSERELLE

Q5：藝術是否會欺騙我們？ ▶見第五冊〈真實〉

| 尚‧巴蒂斯‧夏丹（Jean-Baptiste Chardin），《魟魚》，1727年，油畫（114×146 cm），收藏於巴黎羅浮宮。狄德羅非常仰慕這幅畫作，他以此為題寫道：「物件很噁心，但這就是魚的身體，是牠的皮、是牠的血。」

「永遠不要給觀眾任何難以置信的東西；真的事物有時看似不真。一種不可思議的荒謬對我沒有誘因：心靈不會因它所不相信的事物而感動。」

（波瓦洛，《詩藝》）

1. 藝術是一種杜撰

　　藝術作品對我們訴說從未發生的故事，讓我們看見與現實生活類似的影像，但是是以各種物件編造，加上特殊效果來強化。作為「製作」或「創作」，藝術的定義是「虛構」。它創造了一個想像的世界，讓人得以從中排遣，或是為了製造幻想而再製想像的世界（▶見文本閱讀5-1，79頁）。人們可以因此說藝術欺騙了我們嗎？

2.⋯⋯並無法隱藏它虛構的特性

　　就算存在欺騙，也是被認可的欺騙，而非顯然故意要愚弄我們，因為藝術所告訴我們的，從來不是未經我們同意而形成的（▶見文本閱讀5-2，79頁）。前往欣賞演出讓人得以進入有別於日常現實的另一個世界，如同以「小說」作為標題之下的一本書，公開表示作品的虛構特性。

3. 藝術創造一種新的真實或另一種觀看方式

　　此外，音樂家或建築師不會模仿或重製自然的聲音或棲居。從這方面來看，馬樂侯寫道：「所有藝術家，對他自己而言，就像一位音樂家。」他是一位「作曲家」，當然是從現實的材料出發，進行創作，也就是說用新的方式加以組織。弔詭的是，作曲家透過他賦予作品的協調性，竟可以比自然更為真實（▶見文本閱讀5-3，80頁）。

藝術再製真實的表象

文本閱讀 5-1

柏拉圖

柏拉圖 Platon
公元前 427-347

對柏拉圖來說，繪畫不但缺乏對真實負責的義務，還藉由呈現出表象，並忽略所有事物的真實本身來欺騙他的觀者。藝術因此與知識相對立，只有後者才以追求真實為目標。

蘇格拉底：繪畫所提出這兩個目的，對所有事物而言是哪一個？是要再現它之所是，或它看起來的樣子？它是對表象還是真實的模仿？

葛勞康：是對 [事物的] 表象。

蘇格拉底：因此 [對事物的] 模仿是遠離真實，而如果它想呈現所有的事物，因為它似乎只能觸及每個事物的一小部分，況且這也只是一種 [事物的] 影子。畫家，如同我們會說，對我們呈現出一位修鞋匠、一位木匠或任何其他工匠，卻完全不了解他們的工作為何；然而，假如他是一位好畫家，從遠處在畫一位木匠時，他就能騙得過小孩子以及失去理智的人，因為他會讓他的畫呈現出一位真正木匠的表象。

柏拉圖，《理想國》，R. Baccou 譯本。「GF」系列，Flammarion 出版社，1966 年，362 頁。

Q：「真實的」藝術是否存在？

Q：在一件藝術作品之前，你會如同柏拉圖所說的受到它的欺騙，還是你知道自己是在跟一件虛構的作品打交道？

「藝術是最美的謊言。必須要渴求謊言的存在，否則就會成為實用的物品，如一間工廠般可悲。蒙娜麗莎的微笑本身或許從未真實存在，但她的魅力卻是永恆的。」（德布西）

「只有虛假才能鍛鍊智力」

文本閱讀 5-2

卡斯特路奇

羅密歐・卡斯特路奇
Romeo Castellucci
1960-

戲劇導演羅密歐・卡斯特路奇認為，戲劇不僅沒有義務要說出真實，甚至有相反的義務，那就是說謊的義務，因為謊言是解放者。這個見解令人想到尼采，他認為藝術能糾正我們追尋表象背後的真實的傾向。

「……我唯一確定的是，在戲劇中，我們沒有呈現真實的權利。真正的暴力、真正的血。在劇場中，所禁止的，是真實。我不相信劇場中的真實。在劇場裡，一切都必須是假的。戲劇，是純粹的虛構，是空間與時間不可能的交會，是在現實以外的地方（l'ailleurs）。只有虛假才能鍛鍊智力，

| 羅馬戲劇的面具，公元前二世紀，來自羅馬阿文提諾山丘上的德修斯浴場，羅馬卡比托利歐博物館。

讓觀眾不成為他所見的俘虜。你知道希臘智者學派（sophiste）[1] 著名的悖論：受到欺騙的人比沒受到欺騙的人更了解真實是什麼……真實是僵化不動，阻礙了意義的傳播，封閉在死亡中。因此這是必須被釋放的重量。必須隱藏、遮蓋真實。戲劇的樂趣就在於難以理解……。」

1 | 操弄悖論與各種論述技巧以說服他們聽眾的雄辯家。

法比安·帕斯祖（Fabienne Pascaud）訪談羅密歐·卡斯特路奇，
Télérama 雜誌，2012年7月7日第3260期。

Q：「劇場中的真實」以什麼挾持觀眾做為俘虜？

Q：羅密歐·卡斯特路奇所說的劇場是虛假的或騙人的？

Q：你知道的戲劇中，有主題本身是虛構的嗎？

文本閱讀 5-3

普魯斯特

馬塞爾·普魯斯特 Marcel Proust
1871-1922

真實的生命是文學

對普魯斯特來說，藝術不是真實，也不是謊言，但應該以另一種方式來看待真實。藝術令我們覺醒，它使世界變得多樣，並通過不同我們（過於）習以為常的其他人的觀點去感受世界，以豐富我們存在於自身之內的智力。

真正的生命，最終坦白且豁然的生命，唯一因而真正活過的生命，是文學。這段生命，就某種意義上，它的每個瞬間寄居在所有人身上，如同在藝術家身上。但他們看不見它，因為他們並不力求清楚明白它。而因此他們的過去充滿了無數無用的陳腔濫調，因為智力還沒有去「開發」它們。我們的生命，以及其他人的生命，因為風格之於作家如同顏色之於畫家的，並不是技巧，而是視野的問題。風格是天啟（révélation），無法以直接方式去意識到世界向我們所顯示出質的差異，而如果沒有藝術，這種差異對每個人可能終將是永恆的秘密。只有透過藝術我們才能跳脫出自我，知道這世界上另一個人所看到的，是有別於我們的，以及它所看到的這些風景對我們而言就像在月球上的風景也同樣是未知的。多虧了藝術，我們不是看到唯一一個、我們的世界。我們看到世界不斷倍增，以及有多少個原創性的藝術家，我們就擁有多少個世界，更多這些那些不同的世界，朝向無限而去，而許多個世紀之後，即使他出身的家族都消亡了，無論是叫做林布蘭或維梅爾，仍舊向我們發出特別的光芒。

普魯斯特，《重現的時光》，1927年（身後出版），「GF」系列，
Flammarion 出版社，1986年，289-290頁。

Q：請解釋這個陳述：「只有透過藝術能讓我們跳脫出自我。」

Q：對普魯斯特而言，藝術家是以新的體驗，或向我們指出因我們不

夠靈敏而無法充分感受的體驗或向我們指出因我們不夠靈敏而無法充分感受的體驗，來豐富我們的經驗？

Q：在哪個面向上，文學的生命比真實的生命來得更「真」？

詩比歷史更哲學

文本閱讀 5-4

亞里斯多德

亞里斯多德 Aristote
公元前384-322

人們可以相信歷史，因為歷史是基於真正發生過的事，它是真實的，然而詩歌——必須要以廣義上「文學」來理解詩歌——可能是人為的與捏造的。但亞里斯多德從另一層方面來區分它們的差別。

　　詩人與歷史學家並不因為一者用詩句、另一者用散文構造他們的敘事而有不同（人們可以用詩歌表達希羅多德[1]（Hérodote）的作品，而不會讓詩歌表達的歷史少於用散文表達的歷史），歷史學家和詩人之間的區別卻反而在於一者是敘述已經發生的事件，而另一者則描述可能發生的事件。詩同時也比較哲學性，也有比歷史更高的特性；因為詩的敘述較具普遍的事物，歷史則是特殊的事物。普遍性指的是這一類或那一類的人可能或必然會說或會做出這一類或那一類的事；這是詩歌所追求的呈現，儘管它會為人物命名：「特殊的」就如阿爾希比亞德[2]（Alcibiade）所做，或是發生在他身上的事情。

亞里斯多德，《詩學》，J. Hardy 譯本，「Tel」系列，Les Belles Lettres 出版，1996年，93-94頁。

Q：為何亞里斯多德在此拿詩人與歷史學家做比較？

Q：亞里斯多德認為歷史學家的工作為何？是僅滿足於清點所有事件以進行時間序列的編排，或是揀選與組合工作以便讓人理解事件之間的邏輯？

Q：在什麼條件下，一部過往的文學作品仍然能傳達當前的真實？

關鍵字區分

一般（général）／
特殊（particulier）

一般是屬於同一類的所有事物，相對於特殊只涉及到某一類的某一部分。

1 | 偉大的希臘歷史學家，最早以散文寫作的作者之一。
2 | 雅典政治家與將軍。

延伸思考

OUVERTURE

繪畫

藝術家的雙重視角？

這裡有兩幅教宗英諾森十世的畫像。一模一樣的姿勢與角度，然而呈現卻截然不同。

| 迪耶戈‧維拉斯奎茲（Diego Vélasquez），《英諾森十世肖像》，1650年，油畫（114×119 cm），羅馬多利亞—潘菲力美術館。

| 法蘭西斯‧培根（Francis Bacon），《模仿維拉斯奎茲的教宗英諾森十世肖像》，1953年，油畫（15.2×11.8 cm），愛荷華州德梅因藝術中心（Des Moines Art Center, Iowa）。

維拉斯奎茲的原畫作

迪耶戈‧維拉斯奎茲（1599-1660）的畫作是官方委作的。教宗同時是屬天（他代表上帝）與屬地（他領導信眾並擁有一支軍隊）的權力化身。畫中以真實的樣貌呈現出教宗：紅色斗篷上的閃光、長袍上的摺襉與皮膚的光澤，還有戴上戒指的右手，尤其是投向觀者的強烈眼神。他的面部表情特別嚴肅，透露出這是充滿自信又有權勢的人，幾乎是挑釁地望著他看的人。有人甚至說，就算是教宗英諾森十世看到這幅畫也會驚呼：「這太像了！」

培根對作品的再詮釋

法蘭西斯‧培根（1909-1992）的畫作是一種完全不同的暴力。直線條給人發自內在的爆裂感。爆炸的扶手椅令人想到電椅，坐在上面的教宗驚恐或痛苦地喊叫著。扶手椅與教宗似乎變得模糊且消失在昏暗的背景中。以下是對這些作品的不同解讀：

第一種詮釋：培根把維拉斯奎茲畫中原本的不安情緒推到極限，彷彿揭露出教宗內心的焦慮，這是第一幅肖像畫中所壓抑下來的。

第二種詮釋：相對於權力加諸在某個特殊人物身上具有威望的傳統屬性（扶手椅的金箔、戒指等），培根提出一種殘忍的觀點：在這裡，教宗只不過是個人，和其他人一樣，處在死亡的煎熬中，陷入在幽暗裡。

練習：藝術作品的對象

1. 對培根畫作所提出的兩種閱讀，哪一種對你而言比較適切？為什麼？
2. 我們是否能說，作品本身全都是藝術家的自畫像嗎？

訪　談

傑夫・昆斯（JEFF KOONS），還是挑釁的藝術

　　傑夫・昆斯（1955年生於美國）是當代最知名的造型藝術家之一。他的作品常改變一些消費物品的用途，體現出普普藝術，經常帶有強烈媚俗或挑釁的味道。

《柏林小報》：你想「讓藝術大眾化，如同披頭四讓音樂大眾化」。你是否想將你的創作帶往商品化、衍生商品的方向去？

傑夫・昆斯：你知道，我對商品一點興趣也沒有。我認為人們無法透過商品的流通觸及人，而必須透過概念。概念才是我感興趣的，不是商品。在生活中，我重視人與關係，對商品並沒有。

《柏林小報》：你的雕塑與畫作之間的關聯為何？

傑夫・昆斯：對於這兩種媒材的載體，創作的過程是透過直覺形成。我呈現的是可以引起我興趣的事物。我專注於這個趣味點。而從這裡，我們到達了藝術的時刻：跟隨這些趣味並加以開展。假如我們沿著這個路徑，那麼我們就觸及了形而上領域。[…]

《柏林小報》：但對你而言，把自己納入藝術史中是重要的嗎？

傑夫・昆斯：這對我來說是一種榮幸，而且我會很高興。但對我而

| 傑夫・昆斯，《氣球狗》（紫紅色），法國凡爾賽宮的海克力斯廳。

定義

普普藝術（pop art）：二十世紀下半葉的藝術運動，追求讓藝術貼近大眾消費以及廣告性的物品。由於帶有諷刺的意味，理查・漢彌爾頓（Richard Hamilton, 1922-2011）以此定義他的藝術：「流行、稍縱即逝、可拋式、廉價、量化商品、詼諧的、性感的、充滿樂趣的、令人著迷的，以及能獲取大量利潤的。」

1 | 2008年9月，傑夫・昆斯將他的幾件作品擺放在凡爾賽宮中。這兩種審美的衝擊有時挑起了被侮辱的情緒。

言，最重要的是與藝術家及藝術保持對話。我喜歡藝術，包括透過人的歷史。而當你進入對話，而你又喜歡藝術史，就會看到這些內在的聯繫，你會與莫內、庫爾貝（Courbet）、福拉戈納爾（Fragonard）、普桑（Poussin）與維倫多爾夫（Willendorf）的維納斯這些人產生溝通。你甚至不必去了解發生了什麼事，你身處這個對話的中心，並且會感受到好像在這個或那個時代生活的感覺。[…]

《柏林小報》：你在凡爾賽宮的展覽[1]引發了激烈的回應。某些人感到被冒犯。你對這些回應有什麼看法？

傑夫・昆斯：一開始，我很訝異，因為我不知道有這些論戰，是因為某些人認為凡爾賽宮的環境應該要維持某種固定狀態。我尊重這個看法，但作品只是暫時在那裡展示，而且只到一月份。透過作品，我完全沒有任何不敬的意圖。重要的是要讓作品融入環境，將它帶入場域的和諧之中，並讓它與其他作品融為一體。

昆斯，〈傑夫・昆斯征服了柏林！〉，Régis Présent-Griot摘錄，《柏林小報》，2008年11月5日。

練習

1. 為什麼昆斯將藝術作品設計得如同「商品」一般？
2. 昆斯認為藉由接觸藝術作品，觀眾會感覺到「好像在這個或那個時代生活的感覺」。對你來說，他自己的作品便是如此嗎？
3. 昆斯知道他將作品擺設在凡爾賽宮，將會挑起一些不友善的反應嗎？我們可以從中獲得什麼訊息？
4. 在宮廷的鍍金物品與充氣贗品之間，你會做出什麼樣的聯想？

哲學時事

當代藝術中是否有欺騙的成分？

冒充高尚充斥著當代藝術，已經到達了可笑的極致。我沒有要反對這個藝術運動，其中時而隱藏著真正的創作者。我甚至能欣賞它的嘲諷、它的幽默、它的挑釁。但傑夫・昆斯的表現癖讓我不舒服，他力圖完全控制古典藝術以便放在他的影子下發光。傑夫・昆斯從

一個商人轉向將藝術商品化的領域（他在紐約工作室的雇員超過八十人），占據凡爾賽宮為了在畫家維若涅斯（Véronèse）的畫像旁展示一隻充氣狗，或在豐收廳（Abondance）展示他鍍鉻的兔子。我在這看到的是對一個場域、對法國藝術大師作品的不尊重，以及強加於人的粗鄙伎倆，力圖使人認為古典藝術與當代藝術是相同的 [⋯]。

伊凡・胡夫尤勒（Ivan Roufiol），〈當代藝術：傑夫・昆斯的神化？〉，
《費加洛報》，2008年9月10日。

｜傑夫・昆斯，《波波熊》，1988年，陶瓷（74.3×30.5 cm）。

反思時事的哲學問題

1. 這篇文本能夠幫助你處理這個問題：藝術是職業還是遊戲？

   a- 撰寫以一段話並提及昆斯的作品，指出這位藝術家是如何（與觀眾、歷史和他自己）玩藝術。

   b- 就你看來，昆斯他是認真的嗎？

2. 這篇文本能夠幫助你處理這個問題：藝術自此是屬於歷史嗎？

   a- 為什麼有些人認為昆斯是個招搖撞騙的人而不是藝術家？

   b- 在何種意義上，昆斯宣稱自己被寫入藝術史中，並讓它擁有新的面貌？

哲學練習

EXERCICES

練習 1：反思生活日常

法國的冰淇淋品牌「賣牛奶的人」(La Laitière) 的商標就是借用維梅爾的名作《倒牛奶的女僕》裡的人物加以修飾而成的（▶見文本閱讀 2-1，62頁）。你認為這商業性選擇會使這幅畫更普及、獲得更廣大群眾的欣賞嗎？如果你有機會到阿姆斯特丹國家博物館看這幅作品的真跡，是否會對這幅畫有不同看法？

練習 1 試答

班雅明對藝術作品能夠再製成許多樣品的後果提出疑問。現代科技讓作品變得容易取得，隨處可見、過度曝光。十九世紀之前，還得親自前往音樂會，才能聽到獨一無二且無法複製的演出，但現在聽到千百次完全一樣的旋律卻是稀鬆平常。例如：畫作不斷被複製，甚至印製在優格的瓶身。藝術因此拋開了它所具有神聖的任務。作品會失去來自其獨特性與距離感的神秘「靈光」(aura)。在網路與資料數位化的時代，班雅明的觀察看來更為精準：在原作與複製品之間甚至沒了差異。複製品甚至可能超過原作：站在阿姆斯特丹國家美術館畫作前，我們或許反而在畫作上「看到」的是優格的商品標籤（而不是從商品標籤認出原畫作）。但或許也會反過來，我們會體驗到我們所認識的和畫作之間的差距，進而形成對偉大作品的新看法。

練習 2：作品比較

當代藝術能夠挑起直接的敵意反應，而觀者常常會有受騙的感覺，覺得這些藝術家並不應該受到社會的讚美與認可：

——安迪・沃荷的《布瑞洛箱》（▶見文本閱讀 1-3，60頁）；

——作曲家約翰・凱吉《4'33''》的寂靜（▶見問題思考，54頁）；

——馬列維奇的《白底上的黑方塊》。

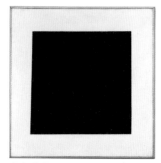

| 卡茲米爾・馬列維奇（Kazimir Malevitch），《白底上的黑方塊》，1915年，油畫（106×106 cm），收藏於俄國聖彼得堡國家美術館。

1. 這樣的作品是否追求美？還是想要激起大眾的不快？
2. 這些作品基於什麼而被認為是藝術？它們會讓你對何為藝術做出不同思考嗎？
3. 用「觀念藝術」來表達這類型作品的合理性為何？
4. 何謂前衛（藝術）？如果這些作品是前衛的，我們是否能認為藝術已經到了末路？或者這僅是藝術被提煉，而對觀者提供純粹的冥想默觀？

練習3：主題分析

「藝術是創作、再創作或消遣？」請說明要在什麼意義下，去分別理解問題中的這三個建議（詞彙），讓你可以各自用這三個詞來定義藝術。

> **練習3試答**
> **創作**：藝術產生某種全新、從來未曾見過、讀過、聽過的事物。
> **再創作**：藝術是一種新的創造，一種再現，以新方式展示已經存在的，並更新我們對這事物的看法。
> **消遣**：一種娛樂、一種排遣，一種帶我們離開現實的遊戲。

練習4：情況分析 ▶ 見本冊〈歷史〉

某些音樂會或音樂錄製，會以作品創作當時使用的樂器來演奏，巴洛克音樂尤其如此。這會為聽覺帶來什麼感受？一件藝術作品它是否必然屬於它那個時代？

定義

> 一般來說，巴洛克音樂一詞來自相應於當時巴洛克建築的延伸，是十七、十八世紀演奏的音樂。

> **練習4試答**
> 以作品當代樂器來演奏，被視為忠實呈現原作的聲音，因而更能重現原作。但是，在過去聽起來很「自然」的聲音今天在我們耳中卻不再習慣，因而更顯得「人造」。聆聽過去時代樂器所演奏的音樂，因此無法重現那必然消失的聽覺體驗，卻帶來不同的聽覺體驗。這種體驗來自廢棄過時本身，有種附加的魅力……，也就是重新找到某種不復使用之物的快樂。

練習5：理解文本 ▶ 見第五冊〈真實〉

奧古斯特·羅丹從忠實呈現一個動作的真實之能力，來比較攝影與雕塑的價值。

藝術家才是真實的，而攝影是說謊騙人的。因為實際上，時間不會暫停。如果藝術家成功製作出一個姿勢在好幾個剎那的感覺，當然比讓時間突然暫停的科學影像來得不凡。

羅丹，《論藝術》，Paul Gsell訪談彙整，1911年，63頁。

1. 在尚未閱讀這篇文本時，雕塑和相片何者對你來說是重建現實的最佳方式？而在閱讀這篇文本之後，你的想法是否有所改變？雕像的哪個面向不像攝影是固定不動的？
2. 找出一個足以說明羅丹看法的雕像和動作相片。

練習6：理解文本

　　真正的藝術，永遠存在於我們預期之外。存在於從沒有人想到它也無法說出它的名字之處。藝術，它厭惡被以它之名而聞名並獲得致敬。它會立即逃開。只要人們覺察到它，以及某人指認出它，它立刻脫逃，而留下一位頭戴桂冠的配角在原地，背上掛一幅寫著「藝術」的大招牌，而每個人［為他］灑香檳，許多演講者戴著鼻環走過一座座城市。這位是假的藝術先生，是眾所周知的，因為他是戴著桂冠與招牌。真正的藝術先生，就算他去砸招牌也不危險！唉，沒人認識他。他四處遊走，所有人都在途中與他相遇，並且每天在每個街角推倒他二十次。

展覽目錄，《喜歡原生藝術勝於文化性藝術》，尚·杜布菲，杜昂藝廊，1949年。

1. 請定義「藝術先生」。
2. 何謂原生藝術？請找出相關的例子說明。
3. 有「真的藝術」與另一種藝術的存在嗎？如何決定何謂另一種藝術？

練習7：撰寫具有論證的短文

　　在藝術中，如同在音樂上，不只是要再製或發明不同形式，而是要捕捉力量。也因此，沒有任何藝術會只是徒具形象而已。保羅·克利（Klee）的名言「不是有東西可見，而是讓人看見」指的就是這個。繪畫的工作就是讓事物所不是的東西被看見的一種嘗試，由此而定義。

吉勒·德勒茲（Gilles Deleuze），《弗朗西斯·培根——感覺的邏輯》，
La Différence出版，1981年，39頁。

　　寫一段文字說明德勒茲上述命題，並請你仔細找出兩個例證，其一透過繪畫（如下頁克利的畫作），另一個則透過音樂。

| 保羅・克利，《城堡與太陽》，
1928年，油畫（54×62cm），羅
蘭・潘洛斯（Roland Penrose）
收藏，英國。

練習7試答

當藝術被指派成為「再現自然」的任務時，這表示它不應該
消極地重複已經存在的事物，並努力重建現實？德勒茲卻反
而支持「沒有任何藝術只是徒具形象的」的觀點，藝術不該
只是再現某樣可能已經被察覺的事物，反而應該讓人看見至
今仍未被看到的，並去「捕捉力量」。毫無疑問，塞尚以一
種較新穎的方式向我們呈現先前未曾注意的聖維克多山（Sainte
-Victoire），或是莫札特的某些曲調，使得我們的耳朵變得更加
敏感。

練習8：超越一個論文主題的是非選擇▶見第五冊〈真實〉

題目：「藝術是否能讓我們脫離真實？」

1. 這個題目的前提是：它讓人們認為我們「本來」就是朝向真實
   上。這一前提是合理的嗎？是可被批判的嗎？
2. 在什麼意義上人們可以說藝術讓我們脫離真實，也就是讓我們遠
   離真實，促使我們逃脫真實的世界朝向想像的世界？找出足以說
   明這個概念的一些例子。
3. 反過來，找出讓我們看見真實的某些藝術作品，例如在被稱作
   「自然主義」或「超寫實主義」的藝術運動。

4. 既然在回答第二個問題時，你找到了某些面向中的例子，而在回答第三個問題時，你找出了反向的例子，請問你能夠得出什麼結論？

5. 我們看見真實本身，或是我們透過某些媒介才能看見真實？什麼樣的媒介？試寫一篇不同於是或否這種二擇一的論文來回答問題，並找出可用來說明的新例子。

6. 請問你如何將藝術家克里斯托與賈娜─克勞德包裹「國會大廈」的例子運用在這篇論文中？

｜克里斯托與賈娜─克勞德的作品，包裹柏林國會大廈，1971-1995。沃夫岡‧弗茲（Wolfgang Volz）攝。

練習9：構思論文大綱

題目：「誰能夠斷定一件藝術作品值多少錢？」

以下是幾個針對上述問題的不同回答。

可能的回答	舉例	為何這個回答似乎很適切	為何這個回答似乎不夠適切
所有人，無論是誰，通常為一般大眾	網路上的論壇、拍賣紀錄等等。		他們什麼也不懂。
專門的藝評家、記者		他們的眼光銳利，因為他們的工作就是評論。	
藝術家自己		只有他知道自己想在作品中傳達什麼。	
後人			
藝術愛好者、有文化的收藏家			他應難以評論他所處時代的藝術。
藝術市場		這是對作品價值唯一所謂「客觀」的評估	
同一個藝術圈的人、同儕	奧斯卡電影獎、龔固爾文學獎		

1. 將這份表格補齊。
2. 將答案以最不適切到最適切的程度列出。
3. 提出一份論文大綱，根據第二個問題所列舉的順序帶入這些答案。

綜合整理

定義

藝術是人類的活動，主要在於生產具有審美價值的作品。

提問 — **Q1：藝術什麼時候發生？**

癥結

藝術不能只化約為追求美，這是由於它同時具有自然的美，也是因為有的藝術似乎早已放棄了對美的追求。

答題方向

所有的美（康德）與藝術作品的趣味來自於它呈現事物的方式，它以某種特殊方式展現事物（古德曼）。

引述

「布瑞洛箱與由布瑞洛箱組成的藝術作品之間的差異，在於藝術理論。」（亞瑟·丹托）

提問 — **Q2：藝術有什麼用？**

癥結

我們能給藝術指定一種明確的功能，但不會把它簡化為只有這個功能嗎？

答題方向

藝術，對黑格爾而言是回應精神上的需求。

引述

「一切有用的都是醜的。」（泰奧菲爾·哥堤耶）

提問 ─ **Q3：所有人都是藝術家嗎？**

癥結

藝術家有一種獨特且絕妙的天賦，或者他是一位隱藏起辛勞的工作者呢？

答題方向

柏拉圖認為藝術才能無法解釋的特性涉及到神性。對尼采而言，相信天才（賦）是一種欺騙。

引述

「詩人是有翅膀、輕巧且神聖的。」（柏拉圖）

提問 ─ **Q4：審美判斷應該被教育嗎？**

癥結

品味隨著時代、文化與人而變化。應該要屈服於這種相對主義嗎？

答題方向

對康德來說，每個人都必然期待著他人能分享他對某件藝術作品的看法。

引述

「美無需任何概念就可以普遍地讓人喜愛。」（康德）

論文練習：找出例子與參考資料來討論下列主題

■ 「藝術可以沒有規則嗎？」（科學組，2010）
■ 「藝術作品是否和其他事物一樣是實在的？」（人文組，2007）
■ 「對作品的感受是否需要被教育？」（科學組，2005）

文化是讓人脫離本性還是實現本性？

4 | 勞動與技術

勞動是否只是痛苦？

| 2011年波蘭華沙一處電話服務中心的員工。

一般看法	思考之後
技術能讓人從勞動中解放	技術是否使人產生疏離感？
首先勞動是在人身上的生存必要，因為人必須工作以求存活。不過，技術的進步，使我們從這個重擔中解脫。例如勞動的機械化或是資訊革命，都提供人們性能越來越優良的工具。因此機器在今日，執行了最繁重的部分工作，而電腦也能夠快速完成複雜的工作。	技術創新所獲致的勞動效率，導致新的勞動方式。這也加快了我們生活的運轉速度，並導致勞動某種程度上的去人性化。技術確實使我們省卻某些力氣，但取而代之的，難道不是要不斷努力去適應技術嗎？此外，假使技術能使勞動「去人性化」，難道不是因為勞動的目的不只是為了讓我們存活而已？

文化是讓人脫離本性還是實現本性？

假如技術對勞動而言是必須的，
技術為何要為勞動的惡化而負責？

從定義尋找問題意識

定義

> 勞動是一種活動，人類透過勞動改變自身環境，以求供應自己生存所需。
> 技術是為了達到這個結果所使用的各種手段之總和。

人類改變自身的環境

人類不同於動物，無法滿足於自身自然的存在，必須勞動才能生存。人類在有敵意的自然中是處於不利地位的，注定要改造自然才得以供應其生存所需。

以求供應自己生存所需

勞動不只是偶然性的活動，不是純粹在消耗能量，而是相應於某個籌畫。技術的使用因而不是目的本身，而是只有在達成設定的目標或獲得最好的成果時，才具有價值。

為了達到這個結果所使用的各種手段之總和

技術手段可以從使用本身或是應用科學知識時應運而生：在所有情況中，技術都意指一種帶有知識的能力，一種實踐層面的知識，而不是一種純粹理論的知識。

定義提出什麼問題？

勞動的存在與技術的必要性，顯示出我們的自然條件是不足的。▶ Q1：勞動與技術是否與自然相對立？

技術是為了改善我們的存在。然而它也帶來束縛，甚至新的威脅。▶ Q2：技術會帶來危險嗎？

使用技術手段能讓勞動變得更容易，也更有效率。但是，在改變勞動本質的同時，某些發明，如使用機器，似乎使得勞動條件惡化。▶ Q3：技術是否解放了勞動？

問題思考

COURS

Q1：勞動與技術是否與自然相對立？

技術活動在於介入自然的過程。但是人能否改變世界的秩序？

1. 勞動與技術對抗大自然所發生的種種事件，是為了滿足人類的需求與欲望

　　人類與其他動物有所區別，是因為他必須改變自身環境才能生存。例如：他必須耕種土地養活自己、縫製衣服、建造住居以遮風蔽雨等。

　　勞動的存在也表明，人類無法只滿足於事物的自然秩序。因此根據約翰・彌爾，人類對科技成就的崇慕，其實表達了對自然的批評（▶文本閱讀1-1，99頁）。這也就是說，自然無法滿足人類所需、也並非是不變的。自然因此不會是必須遵循的既有秩序，而是可改變的狀態，是要去對抗的力量。因此，人類以自身意志來征服自然的方式，便成了技術。

2. 然而技術不能否定自然法則

　　任何技術發明都無法脫離自然法則。因為技術是某種科學知識的應用，更確切地說，科技更著重在使用這些自然法則。例如：當我們讓飛機起飛，並不是終止萬有引力法則，而是藉由氣壓在機翼上的作用使飛機升起。

　　技術並非與自然對立，而是遵循自然規則。這就是法蘭西斯・培根所說的：「我們只有服從自然，才能支配自然。」（▶文本閱讀1-2，99頁）。所以我們必須區分「自然」一詞不同的意涵。假如「自然」指的是人所忍受的某種既定狀態與結果（寒冷、疾病與痛苦等），那麼我們可以肯定，技術就是為了與之對抗。但技術只能運用人類所無法改變的自然法則才可能達成其目的。技術是人類將其意志挹注到自然秩序的方式。因此，當笛卡兒寫下人類是「自然的主宰與擁有者」時（▶文本閱讀1-3，100頁），我們必須了解到，人類實際上不主宰也不擁有自然。

3. 勞動改變人類的本質

　　外在世界不是勞動所改造的唯一事物。如馬克思所指出，人類透過勞動改變了自身的本質（▶文本閱讀1-4，100頁）。事實上，人類的努力和技術活動與動物滿足自身需求的本能方式完全無關。無論是體力勞動或是智力活動，都涉及了思想的轉變。泥工跟音樂家都一樣擁有專門技術的能力，他們藉此自我形塑並發展出他們的能力。

關鍵字區分

原理（principe）／結果（consequence）

技術與科學無法改變自然造物的原理。科學的任務就是要去發現自然原理，而技術就是要拿來運用。例如：慣性原理或物理法則從來不是取決於人類，但人類可以藉由技術運用這些原理來掌控結果。例如：對慣性原理的認知，讓我們得以掌握不同機械的運作軌跡。

Q2：技術會帶來危險嗎？

只要是透過技術改變的就是好的嗎？技術難道不會與自然的狀態一樣，也造成帶來束縛的新狀態嗎？

1. 技術的好處

　　沒有技術的發明，人類的存在狀態會停留在動物階段，而且難以生存。如同伏爾泰所說，能活在技術進步累積帶來的好處之中，並生活在豐饒社會的時代，我們應該感到欣慰（▶文本閱讀2-1，101頁）。透過勞動與技術，人類更能夠確保自身的生存，並使欲望與喜悅增多。

2. 技術產生新的威脅

　　人們可以用「科技同樣也是災難與新威脅的來源，且比自然的危險來得大」，來反對伏爾泰的樂觀主義。事實上，科技再次對人類的存在狀態提出質疑。

　　因此，我們無法肯定自己活得比前人好，而且還應該如漢斯・約納斯一樣去思考，因為技術改變了自然，使人面臨一些前所未有的道德與政治問題。例如：汙染、核廢料、基因改造（▶文本閱讀2-2，102頁）。從這個觀點來看，技術的改善就未必就是進步。

3. 技術本身沒有危險

　　若將新的威脅歸咎於技術與科學，我們可能就搞錯了究責的對象。問題可能不是內在於科學與技術的施行，而是社會與政治世界的產物。技術本身不該是危險的，危險之處在於它的工具化，屈從於經濟與商業的標準。呂西安・塞夫（▶文本閱讀 2-3，103頁）因此揭露了科學的墮落，認為科學罔顧一切道德考量，淪為尋求實用與短期利益的工具。

關鍵字區分

超越的（transcendant）／內在的（immanent）

危險不是技術固有的（內在的）。危險並非從技術自身的本質而來，而是超越[技術]的秩序所導致，即社會與政治秩序所造成的結果。

Q3：技術是否解放了勞動？

　　勞動組織或是機器的發明，能使效率驚人地提升。在這個轉變中，我們可以看到勞動解放的過程，但同時也看到一種轉變：勞動對某些人來說，更讓人感到疏離。

1. 藉由技術產生的勞動轉變

　　人類的勞動方式隨著技術發明而演化。機械化（使用機器）與對勞動進行理性計算的組織化，曾經是許多關鍵性的創新，亞當・斯密因而描述由於勞動分工而產生的效益之龐大益處（▶文本閱讀 3-1，

定義

勞動分工（division du travail）在於區分出某樣東西生產的不同步驟，以及將各個步驟分配給不同的人。這種拆解勞動的方式，省卻了任務交接必需耗費的時間，因而提高了生產力，只負責部分任務的勞工也因此變得熟練。

104頁）。技術因此透過節省人的時間，並給予人某些較容易執行的任務，而使人從勞動中解放。

2. 區分苦活與勞動

自從勞動安排的目的，在於消除無用的時間，並使勞工的動作得以自動化時開始，勞動安排因此導致了更讓人難以忍受的條件。勞動使人更勞累，而生產同樣數量的物品所需的人力變少，則指出了失業的威脅。技術根本無法使人從勞動中解放，而是剝奪了勞動，剝奪了人類長期以來由精神與意志所進行的活動。黑格爾分析，機械化將勞動簡化成單純的苦活，這對勞工來說是一種缺乏意義的努力（▶文本閱讀3-2，105頁）。技術不會減少勞動量，反而增加那些繼續執行機械化工作之人的勞動量。

3. 人必須要解放自己，技術才可以解放人類

勞動並未減少，而勞工的條件卻也沒有改善，因為機器是用來獲利，而不是為人類服務。保羅・拉法格（▶文本閱讀3-4，106頁）觀察到亞里斯多德的假設（▶文本閱讀3-3，106頁）在今日因技術的進步而獲得實現：我們擁有機器可以代替人們工作。對拉法格來說，應該要擺脫工作本身就是有價值而可能讓人去做更多的工作的「成見」，技術才能反過來提供他們自由生活的可能。

定義

勞動（travail）的詞源指涉了痛苦的概念。事實上，travail 從拉丁文「*tripalium*」而來，表示一個由三個樁所組成的裝置：原先是用於栓住動物，而後被用來作為刑求人類的工具。

Q1：勞動與技術是否與自然相對立？

借助勞動與技術來改造環境，人類似乎是與自然對抗好讓自然符合自身需求與渴望。但我們真的能否定自然嗎？

技術的存在就是承認，光靠自然是不足的

文本閱讀 1-1

彌爾

約翰·彌爾 John Stuart Mill
1806-1873

　　在這篇文本中，彌爾讚揚人類行動的力量。但他也指出對技術的讚揚其實是建立在對自然隱約的批評之上。

　　每個人都宣稱讚揚並欽佩人為技術（Art）對大自然的許多偉大勝利：將被大自然所分離的河岸以橋樑連接起來、使自然沼澤乾涸、鑿井、將光帶到大自然所深藏的地底之下、透過避雷針轉移它的雷電、以堤壩防洪、用堤防阻擋海水。但稱頌這些與其他類似的功績，是接受應該要制伏大自然的軌道，而不是聽從它們。這是承認大自然的力量通常是處於與人類敵對的位置，人類必須運用力量與創造性以便取用其自身利用的少許，當人類所獲取的少許利用超越了我們所冀求與這些巨大的力量相比之下，他身體顯得弱小，這時我們承認人類值得受到讚許。所有對文明、技術或發明的讚揚都回歸到對大自然的批判，回到接受大自然具有缺陷，以及人類的工作與功勞就是要不斷地尋求矯正或減輕這些不完美。

約翰·彌爾，《論自然》，1874年，La Découverte出版社，2003年，61-62頁。

Q：根據文本的情況，這裡使用的「技術」(art) 一詞的意義為何？
Q：對作者而言，為何自然是人類的敵人？
Q：何謂「制伏大自然的軌道」？

只有服從自然才能支配自然

文本閱讀 1-2

培根

法蘭西斯·培根 Francis Bacon
1561-1626

　　科學知識使許多進步與能夠改善人類生活條件的技術創新得以可能，但人不能去反對那個讓世界得以運作的整體規律下的自然。

　　人類，自然意志的執行者[1]與代言人，只能藉助對於自然秩序的觀察，透過事物或精神，來擴展他的行動與認知。此外他一無所知也無能為力。

　　無論是徒手或是理解力都沒有給他許多力量。執行[2]需要工具與想法，理解力與手同等重要。同樣地，手上的工具帶動或支配他的動作，如同思想的工具激發或保持理解力[3]。

1 | 僕人。
2 | 與思考相對的行動。
3 | 促使或獲得理解力。

科學與人類的力量也是一樣，因為對起因的無知會剝奪效果。我們只有服從自然才能支配自然。而在思辨中這值得作為原因，在操作中值得作為規則。

培根，《新工具》。M. Malherbe與J.-M. Pousseur合譯本，PUF出版，2001年，101頁。

關鍵字區分

理論上（théorie）／實踐上（pratique）

培根以智力發現物理法則上的思辨（理論性思考），與智力在使用物理法則的操作（實際應用）兩相對照。

Q：請解釋作者以下的陳述：「無論是徒手或是理解力都沒有給他許多力量」，並舉出例子。我們能夠在上述兩種情況下援引的工具有哪些？

Q：為何培根寫道「對起因的無知會剝奪效果」？

文本閱讀 1-3

笛卡兒

荷內·笛卡兒
René Descartes
1596-1650

科學的保證

就笛卡兒的觀點，理論知識與其實際應用不應區分開來。我們可以應用科學知識，使人不需忍受自然條件的限制，而對自然有一定程度的掌控。

一旦我獲取關涉到物理學的某些一般概念，並開始將這些概念試驗到許多特定難解之處時，我便發現到這些概念能走多遠，以及它們與我們沿用至今的定律的差別何在。我認為我不能將它們隱藏起來，那會嚴重違犯那些要求我們盡可能獲取所有人普遍利益的法則。因為這些概念讓我看到對生活極度有用的知識是可能達到的，而不是在學校教授的這種思辨哲學[1]。我們可以從這些概念中找到實踐方式，透過它們認識火、水、空氣、星宿與天體及其他所有周遭物體的力量與運行，如同我們清楚認識到我們的多種手工技藝，也可以用同樣方式運用於所適合的用途上，因而讓我們變成自然的主宰與擁有者。這不只是渴望無數技巧的發明，使我們得以無虞地享受地上的果實與其中能找到的一切便利，主要也是為了維護健康，或許是此生首要的財富，以及其他一切財富的基礎。

笛卡兒，《論方法》，1637年。Gallimard出版，1991年，130-131頁。

[1] 僅牽涉理論。

Q：文末，笛卡兒預測了哪些技術的進步？

文本閱讀 1-4

馬克思

卡爾·馬克思 Karl Marx
1818-1883

透過勞動，人改變其本質

在這篇文本中，馬克思區分了人的兩種勞動效應：改造外在世界，以及人自身的內在世界。勞動因此不再被化約為滿足需求，它也是人類發展能力並建立人文的方式。

勞動首先是一種發生於人類與自然之間的行為。面對自然，人自

己本身在其中也扮演著具有某種自然力量的角色。他的身體所擁有的力量，手臂與腿、頭與手，他使它們可以行動而透過掌握物質材料，並賦予這些物質對人類生命有用的形式。同時，當他透過這個動作改變外在自然的同時，他也改變了自己的本質，並發展出潛在能力。[⋯]我們的出發點是，勞動在某種形式之下，是只屬於人類的勞動。蜘蛛做出織布工人般的行為，蜜蜂則因蠟巢結構之巧妙堪比建築師而令人驚訝。但區分最糟糕的建築師與最專業的蜜蜂的是，首先在建造蜂窩之前，是否會在腦中構思蜂窩。勞動的結果事先完美地存在勞動者的設想中。這就是他不僅只是改變了自然的物質材料，他同時從中實現了他所意識到的自身之目的，這個目的如同決定其行為模式的法則，在此他必須要讓他的意志從屬於這個目的。這個從屬關係並非一時的。該勞動在其整體時間內，除了器官作用的努力之外，還需要持續的專注，而這持續的專注本身只能由意志的持續張力而產生。

馬克思，《資本論》，第一卷，第三部分，第七章，1867年。

Q：為什麼我們能說勞動是專屬於人類的活動？

Q2：技術會帶來危險嗎？

技術除了改善人類的存在之外沒有其他目的。然而，面對科技所導致的某些生態災難與倫理問題時，我們大概會自問，某些事物本應服務人類，但人類是否反而成為這些事物的受害者？該如何解釋這本末倒置的情況呢？

技術的好處

> **文本閱讀 2-1**
> ———
> 伏爾泰
>
> 伏爾泰
> François Marie Arouet, dit Voltaire
> 1694-1778

　　這首詩當年引起譁然。伏爾泰嘲笑人們對過去的理想化，那時人類不需要勞動且生活所需很低。伏爾泰反而誇讚他的時代的優勢以及科技進步，使得交易、富饒甚至奢侈變得可能。

> 想回到美好舊日時光，
> 黃金年代，與阿斯特[1]的治理，
> 以及農神與雷雅[2]的美好日子，
> 還有我們祖先的樂園[3]，
> 那些人將會懊悔：
> 我，感謝賢明的自然，
> 它，為了我好，讓我生於
> 這個受到我們可憐的博士[4]們詆毀的時代；
> 這俗世時光[5]完全就我的習性量身而做。

1 | 宙斯的一位女兒：她象徵著黃金年代，亦即希臘神話中人類的第一個時代。
2 | 希臘神話中眾神的母親。
3 | 暗喻伊甸園（塵世的天堂）。
4 | 博學者。
5 | 與「神聖」相反。

我喜愛奢華、甚至更愛逸樂放縱，
所有的享樂、所有類型的藝術
整潔、品味、裝飾：
所有誠實的人[6]都有這樣的情懷。
對我那十分不潔的心是相當愜意
看到這周圍的富饒，
是藝術與快樂勞動的發源地，
從它豐富的源頭帶給我們，
需求與新的樂趣。
地上的黃金與潮浪般的寶藏，
它們的居民以及快樂的人民
一切都是為了這世上的奢華、享樂。
啊！這黑鐵時代的美好時光！[...]
您會因此欣羨我們的祖輩嗎？
他們缺乏勞動[7]與便利：
這是美德嗎？這是純粹的無知。

6 | 所有是其所是的人。
7 | 勞動的事實。

伏爾泰，〈俗世之人〉，《伏爾泰合集》，七星文庫叢書，Gallimard出版，1961年，203-206頁。

Q：技術發展與富饒之間的關係為何？
Q：我們能夠區分富饒與奢侈嗎？

文本閱讀 2-2

約納斯

漢斯・約納斯 Hans Jonas
1903-1993

技術變得比自然更讓人敵對

根據約納斯的觀點，技術今後將成為比原始自然更大的危險。近來的科技演化帶來了前所未見的道德問題，因為它們在未來可能會損害到人類的存在條件。

我們對自然的危害，比從前自然對我們的危害更大。這是人類為了確保對事物的主宰，所達成最值得欽佩的成就，使我們對自己來說變得極度危險。是我們正建構目前環伺我們周遭的危險，以及今後必須與之對抗的危險。這是一種全新的事物。[…]

新奇之處為何，而它又是如何發生的？其中一個要素在於我們生物學的極端快速成長，也在於我們生物性的需求即將超出地球所能供應的食物來源這個簡單事實。但也因為另一種完全非生物性的因素，也就是在我們科技力量在質上面的躍進。[…]透過操控一些可見物質世界相關的變量，可以說技術還只是維持在事物的表面而已。但此後，它已經滲透到分子層面：自此以後，它可以從中控制，並創造出未曾存在的物質，改變生命的形式，釋放能量。前所未有的，人是如

| 在試管裡的無性繁殖迷你花株。

此近距離地在自然組成要素中掌握到自然的奧秘。技術從自然的最深處，主宰了最高層次；它從最微小之處，主宰了巨大。這種可以在事物「核心」本身進行創造的能力，隱含著一些新的危機出現，並連結著新的統治力。

約納斯，〈技術、自由、責任〉，《自然的倫理》，1987年。
S. Courtine-Denamy 譯本，2000年，頁104-145。

理解命題的論據——文本閱讀2-2
命題：人類面臨了前所未見的情況，人對自己創造出比自然還大的危險。這個新的情況可以從兩個因素來解釋：
1. 全球人口的增加，使得我們的需求超過了自然所能供應的資源。
2. 技術的演進產生了一些麻煩的物質，是自然無法透過自身機制來克服的（化學汙染、輻射、基因控制等）。
確實理解了嗎？再次區別程度的差異與自然本性的差異，且更清楚提出兩個轉變因素的差別。

技術是無辜的

文本閱讀2-3
塞弗
呂西安・塞弗　Lucien Sève
1926-

面對進步甚至科學的批評，呂西安・塞弗的捍衛論點是，技術不該為去人性化的邏輯與當前的威脅負責：我們應該譴責的，並不是技術的本質或求知的意志，而是以經濟為唯一標準的宰制以及對利益的追求。

必須將這個新的事實納入考慮：資本大量投入生物醫學，如同投入普遍的生物科技中。年復一年，生物科學變成以數十億法郎甚至美金計的龐大生意。[…]生物學發現與生物醫學創新的領域，是人們談論越來越多關於市場、企業管理、專利組合、集團策略、秘密結盟與跨國規模的角力世界。[…]資本市場在現下越來越成為研究的自動導航。[…]

要知道實際情況，我們似乎應該同意，例如相較於電影創作會或生態問題，生物醫學研究不應該是資本市場邏輯中最應該被歸咎也不是比較不受侵害的。[…]很明顯的，在生物醫學領域中最令人反感的作為——如人工生殖[1]或器官買賣——難道不正好是那些跟知識最無關而是跟錢最相關的作為？這證實了以完全不同方式來重述我們問題的必要性：對科學進行大量人為的控訴，難道不應該換成去控訴對經濟—財務邏輯如此明顯變態的結果所要求批判性評估程序？

呂西安・塞弗，《生物倫理學的批判》，Odile Jacob，1997年，264-265頁。

[1] 醫學輔助生殖（人工授精、試管受精等）。

Q：作者所提出的「自動導航」概念意味著什麼？

Q3：技術是否解放了勞動？

技術的創新使得勞動效率提高，但同樣可能改變了勞動的本質。因而，十八世紀末的勞動分工與機械化改變了勞工的處境。

文本閱讀3-1

斯密

亞當・斯密 Adam Smith
1723-1790

勞動分工

　　為了說明勞動的技術分工，亞當・斯密拿別針的製造為例。這個文本很著名，是因為它的精確度，以及這種新的組織方式在現代經濟中的重要性。

　　勞動生產力最大的進步以及勞動所引導或所運用的大部分機敏、靈巧與判斷力，似乎就是勞動分工的效果。

　　就拿一個極小、但勞動分工常常引起注意的製造為例：製造別針的職業。一位未受訓練的工人來進行這項活動（勞動分工讓這變成一個獨立的職業），他並不習慣使用這職業該用的工具（工具的發明也或許是由於同樣的勞動分工所產生），即便是用盡一切方法，也幾乎無法在一天內造出一枚別針，更別說20枚。但今日，這項活動採用的方法，不只讓整個工作成為專門的職業，這個職業還分成好幾個部門，其中多項也同樣是專門的職業。一個人抽鐵線、另一人將它拉直、第三個人截斷它、第四個人將它削尖、第五個人磨尖另一端以便裝上圓頭。做圓頭也需要兩或三個不同步驟：將它裝上是一項專門的活動，將別針塗白又是另一個，連將它們包入紙中都是一項職業。重要的活動而能製造出別針，是這樣的方式被切割成大約18道不同的操作，在某些製造商那裡，都是由不同的手來完成，而在其他製造商那邊，同樣一個人有時候執行其中兩或三項。我看過這類的小型製造商，只雇用了十個人，因此他們之中的某些人會執行兩或三項不同的作業。儘管他們相當貧窮因而只有極少量的工具得以使用，但他們操作時，全都可以一天做出12磅的別針，每一磅約等於4000多枚的中型別針。因此這十個人每天可以做出超過4萬8千枚的別針。但是如果他們所有人都是分開地、個別地工作，也沒有人受過相關訓練，他們之中的任何一人一定無法做超過20枚，可能甚至一天只有一枚。也就是說，肯定無法完成他們今天因為適當分工以及他們各種不同操作的適當結合所能夠完成的工作量的240分之一，甚至無法完成其中的4800分之一。

亞當・斯密，〈論分工〉，《國富論》，1776年。根據原文校對。

| 攝於2012年美國一家番茄醬工廠的生產線上。

Q：亞當・斯密為何要選擇別針製造作為例子？

Q：勞動分工可提高生產效率的原因有哪些？

Q：所謂的社會分工（社會是由不同職業的人所組成）與亞當・斯密所描述的勞動技術分工有何區別？

形式的活動與機械性勞動

文本閱讀 3-2

黑格爾

費德利希・黑格爾
Georg Wilhelm Friedrich Hegel
1770-1831

這篇文本中，黑格爾分析了將機器運用在勞動上所造成的改變。他將勞動中人類特有的面向，涉及精神與意志的「形式的活動」，以及繁重且去人性化的「機械性勞動」相互對照。

在機械化中，人們甚至取消了屬於自己本身的形式上活動[1]，且使這個機器完全替自己代勞。但這個人在自然面前所使用的欺騙行為，讓他因此中斷了大自然的獨特性，而受到報復。人藉由使自然臣服於他而從自然獲得到的東西，一直讓他進而變得更脆弱。透過各種機器開發大自然，人沒有取消掉他勞動的必要，他只是推開了勞動並讓勞動遠離自然，也因此在當自然是一個生意盎然的自然時，人並沒有以一種生氣蓬勃的態度轉向（面對）自然。相反地，勞動失去了這種否定的活力[2]，而還剩下在人身上的工作變得甚至更加機械化。人只在整體上對所有人減輕了勞動，但沒有對單一的勞工減輕（工作），卻反而使之增加，因為當勞動更加機械化，其價值也越少，而人則更需以這種方式工作。

黑格爾，《精神哲學》，1804年。G. Planty-Bonjour 譯本。125-126 頁。

1｜形式的活動指的是人類透過勞動改造物質，並給予它確定的形式。這個活動進行的過程所意味的是指導行動本身的思想。

2｜這種生命力是「否定的」的意思，在於它要抵抗自然，透過人類勞動將人所追求的形式強加在自然之上。

理解命題的論據──文本閱讀3-2

命題：當勞動機械化，人失去的比獲得的更多。

論據一：機械推移了勞動的必要性，卻沒有取消它。即使一項工作能夠被機械化，還是需要人來建造並發動機器。因此勞動並沒有消失，只是被轉移到另一個「更遠離自然」的面向。

論據二：這種機械化的勞動增加了勞工的效率（他的生產率）。工作減少因而只是相對的：我們減少整體社會要執行的工作量，卻增加了每位勞工的工作量，因為這種工作比較繁重，且意味著更為一成不變的工作步調。

確實理解了嗎？ 為何就黑格爾的觀點，當人透過技術使得自然屈服而讓自己變得強大的同時，事實上卻是使自己「更脆弱」？

關鍵字區分

絕對的（absolu）／相對的（relatif）

由於機械化而使勞動減少是相對的，因為取決於它怎麼被思考的觀點而異。對整體社會的觀點而言，勞動變得比較少，但它對單一的勞工卻是增加了。因此這不是一種絕對的減少。

文本閱讀 3-3

亞里斯多德

亞里斯多德 Aristote
公元前 384-322

假如梭子能自行編織⋯⋯

在《政治學》一書中，亞里斯多德提出了所有社會的共通問題：為了生存必須的生產所花費的時間，會與花費在政治、藝術或科學與哲學思考活動的時間互相競爭。勞工與奴隸階級對他而言似乎是不可避免的，以便保障其他人自由的時間，並確保城邦的良好運行。

工具不外乎是無生命或有生命的，例如對船長而言，舵是無生命的工具，舵手[1]則是有生命的工具（因為執行不同工作的人，會進入不同工具的類別中）。同樣的，人們獲得的財產是人們賴以維生的工具，家族的財產是一群工具，奴隸是人們所獲得有生命的工具，並且所有的執行者對為他所用的工具都是先行的工具。這麼說吧，假使每一個工具都可以因為早已接收到指令或僅只憑著自己簡單的預知就可以完成自身的任務，如同人們說的戴達羅斯（Dédale）[2]的雕塑、或赫菲斯托斯（Héphaïstos）的三腳架（Trépieds）。根據詩人敘述，它們可自行進入眾神的聚會殿堂，同樣地，假如梭子[3]能自行織布，撥子[4]能自己彈齊特琴（Cithare）[5]，那麼匠師就不需要執行者，也不需要奴隸主了。

亞里斯多德，《政治學》，I-4。P. Pellegrin譯本。GF系列，Flammarion，2008年，頁17。

1 | 水手掌舵來執行船長的命令。
2 | 古希臘時代傳奇的雕塑與建築家。
3 | 小片狀物，藉由一來一往的動作在織物的幅度上作編織。
4 | 能夠用來調撥絃樂器的片狀物。
5 | 某種絃樂器。

從文本到論證——文本閱讀 3-1、3-2、3-3
透過閱讀這三篇文本，以這個問題為核心展開討論：我們能夠相信並認識同一個事物嗎？從文本與你自身文化中找出論據與舉例。

文本閱讀 3-4

拉法格

保羅・拉法格 Paul Lafargue
1842-1911

為何亞里斯多德的夢想沒有成真？

保羅・拉法格揭露了工業革命時勞動條件的敗壞：技術的進步與機器並未使人從勞動中解放。相反地，勞動變得更痛苦，人從此以後就在與機器競爭，但機器本來是應該要協助並解放人的。

[古代思想家] 宣揚奴隸制。沒錯，但這是由於他們那個時代的經濟與政治條件，難道他們有其他選擇嗎？戰爭是古代社會正常的狀態；自由人必須貢獻他的時間來討論國家事務，並對防衛國家保持警戒；為了擁有戰士與公民，哲學家與立法者只好在英雄的共和國中容許奴隸制度。但難道道德主義者與資本主義的經濟學家所鼓吹的受薪

制（或雇傭勞動制），不也是一種現代奴隸制嗎？[…]
有人不以為然地寫道：「奴隸制度的偏見支配著畢達哥
拉斯與亞里斯多德的思想。」然而，亞里斯多德預見
了：「假使每項工具都可無需督促而自行運作，或如同
戴達羅斯[1]的傑作，自己就能動起來，或伏爾坎[2]的三
腳椿能自動自發地完成它們神聖的工作；假使，例如，
織布梭子能自動織布，工坊的主人便無需幫忙，主人
也不需要奴隸了。」

亞里斯多德的夢想如今是我們的現實。我們的機
器會噴火、有著鋼鐵的四肢、不怕疲勞、驚人的生產
力、取之不竭，能順從地自行完成神聖的任務。但資
本主義偉大哲學家們的才智卻仍受到受薪制（或雇傭勞
動制），甚至最糟糕的奴隸制的偏見所支配。他們還不
懂機械是人類的救世主，上帝是要使人從手工藝[3]與受
薪工作中救贖出來，上帝賦予人閒暇與自由。

拉法格，《懶惰的權利》附錄，1880年。
Le Passager clandestin出版，2009年，79頁。

|〈機器人是明日的農場工人〉，
插畫，1896。這幅圖像是對勞動
自動化帶有幻想又脫離實際的預
測。

Q：請分析是什麼原因，造成這幅畫作與實際情況的落差？

Q：我們可以對亞里斯多德的論點提出何種反駁？

Q：對保羅‧拉法格來說，受薪制（雇傭勞動制）為何是「最壞的奴
　　隸制度」？

Q：要怎麼做，機器才能使人從勞動中解放？

1 | 希臘神話中的發明家與藝術家，以迷
宮來禁錮牛頭人身怪物。審定注：傳
說中，戴達羅斯可以做出栩栩如生
的雕塑。雕像的眼睛會張開，四肢
可以活動，甚至必須拴住才能防止它
跑掉。

2 | 羅馬神話中司掌鐵器之神。審定注：
如希臘神話中的火神和工匠神赫菲斯
托斯。

3 | 與智力勞動相對的手工業。

從文本到論證—— 文本閱讀3-1、3-2、3-3、3-4

根據這四篇文本，再加上你個人的思考，分析這個主題，同
時指出問題源自於其概念模糊性：「勞動是正常的嗎？」

——「正常的」這個字有幾項意義：「正常工資」指的可能是
平均工資或能夠正常生活最低工資。請以同樣的方式去區分
「正常勞動」一詞。

—— 指出文本閱讀 3-2 如何定義勞動的價值，並將這個定義
與另一個更普遍的概念做對照。這兩個面向如何闡明「正常」
一詞的兩項涵義？

—— 文本閱讀 3-3 與 3-4 所捍衛的觀點認為，勞動是對立於
人的存在。請指出這個觀點所立基的勞動概念，與閱讀文本
3-2 的勞動概念完全不同。

進階問題思考

PASSERELLE

Q4：閒暇的時間是我自由的時間嗎？

1. 勞動時間之外的自由與幸福

假如勞動只是一種求溫飽或滿足我們需求的手段，那麼，我們只有在勞動時間之外、在我們的「空閒時間」裡，才能獲得自由。這也就是鄂蘭提醒我們的（▶文本閱讀4-1，108頁），古代的世界認為勞動跟自由人不相配，而將它留給奴隸。但這也是受雇者在勞動中感到精疲力竭的原因。根據馬克思的看法（▶文本閱讀4-2，109頁），勞工為了生活卻反而失去了生活，因為勞動占去個人的時間。勞動甚至可以是社會控制的手段，根據尼采所言（▶文本閱讀4-3，110頁），某種「警察」形式。

| 費爾南・雷捷（Fernand Léger），《露營者》，1954年，油畫（27.8×24.6 cm），收藏於費爾南・雷捷美術館。

2. 消遣或是空閒

然而「空的」、不活動的時間，本身也不一定如人意的。勞動與缺乏勞動似乎都與幸福不相容。只有當我們理解塞內卡所謂自由的時間不是空洞的時間，這個矛盾才獲得解答（▶文本閱讀4-4，110頁）。真正的空閒（拉丁文 otium）是我們給予自由人活動的時間（科學與哲學思考、藝術等），因為這意味著努力與實踐。這種空閒因而不能與消遣一詞所帶來的現代意義的休息與娛樂搞混。阿蘭認為，「這個事實不該只適用於所謂的『智力』活動」（▶文本閱讀4-5，111頁），凡是可以讓人自由投入其中與帶來幸福的職業，都囊括在內。

文本閱讀 4-1　　　　*勞動作為奴性的活動*

鄂蘭

漢娜・鄂蘭 Hannah Arendt
1906-1975

在古代社會，人們不是因為鄙視奴隸所以要他們勞動。相反地，正是因為他們勞動工作，並以物質的工作度過他們的存在，而使人們不將他們視為完整的人。只致力於滿足自身需求被認為不值得擁有人的生命。

認為上古時代鄙視工作和勞動是因為那是只有奴隸才會做的事，這種看法是近代史家的偏見。古人有不同的理由，他們更認為蓄奴

有其必要，因為所有滿足維持生計的職業都有奴隸的性質。正因為如此，他們支持且為奴隸制度辯護。勞動意味著成為生計的奴隸，這個奴役狀態正是內在於人類生活的條件裡。因為人們受到生計的宰制，他們唯有宰制那些被他們強迫臣服於生計的人們，才能獲得自由。奴隸的屈辱是命運的打擊，比死亡更悲慘的命運，因為它會讓人蛻變成類似家畜的東西。

鄂蘭，《人的條件》，林宏濤譯本，148頁。

Q：請闡明用來證成古代奴隸制度的論點？

Q：請指出這個論點何以會與「天生」奴隸的概念相對立？

定義

塞內卡將空閒（拉丁文 *otium*，有「無所事事」之意）與事務（拉丁文 *negotium*，就是 nec-*otium*，也就是「非─空閒」，指交易、買賣）拿來對照。在拉丁文的世界中，*otium* 是人所專屬活動的時間（政治生活、思考、科學與藝術），也是與經濟勞動相對立的時間。

勞動結束之際，生命開始之時

文本閱讀 4-2

馬克思

卡爾・馬克思 Karl Marx
1818-1883

在資本主義系統中，勞動也是商品的一種，如同其他商品：勞動是工人出賣用以維生的東西，因為他沒有其他東西可賣。勞工因而拿自己勞動力去交換一筆金錢：工資。但自此以後，他所產生的財富，就成了雇用者的財產。換句話說，工人的勞動只帶來能使他恢復勞動力的東西：必要的金錢，好讓他繼續工作。

勞動因此是它的所有者，及受薪者，賣給資產階級的商品[1]。為何他要賣？為了生存。

但勞動也是屬於勞動者並與之生命相關的活動，勞動者生命的個人表現。他將這個生命的活動賣給第三者，以獲得存在所必需的金錢。以至於他生活必需的活動，僅限於能讓他維生的唯一方法。他工作是為了要生活。他不將勞動看作生命的一部分，反而比較像這一生的犧牲。這是他給予第三者的商品。這是為什麼他活動的產物不是他生命活動的目的。他為他自己生產的，不是他所織出的絲、不是他從礦場淘出的金、他所建造的宮殿。他為自己生產的，是薪資。而絲綢、黃金、宮殿，對他而言簡化成了一定數量的維生方式，如同一件絲綢的上衣、微薄的金錢與他所居住的地下室。這就是一位工人，在他長達十二小時的時間中，織、拉、穿、轉、築、挖、劈或搬石塊。這十二小時的織布、拉線、穿鑿，需要技藝或鐵鍬或以錘子鑿石的勞動，工人難道將這些都當作如同他的存在的表現，視為他的生命的根本？不，恰好相反。生命對他來說，是在這個活動結束時，在餐桌、酒館或床上才開始。

馬克思，《僱傭勞動與資本》，1849年。

| 1 | 生產工具的總和。

Q：請闡述勞工活動的產物和目的之差別？

文本閱讀 4-3

費德利希・尼采 Friedrich Nietzsche
1844-1900

尼采

勞動是最好的控制

尼采揭露人們讚揚勞動，彷彿勞動是一種具有道德價值的方式。勞動本身 [所以] 是某種好的事物。反過來說，社會會鄙視並譴責那不勞動的人。這種勞動訓誡的運用實際上隱蓋了想控制所有個人的意志。

在對「勞動」的頌揚中、在關於「勞動的幸福」的反覆論述中，我看到其隱藏的想法，一如在稱讚公益的、非個人的行為背後所隱藏的：那就是對於所有個體的恐懼。現在，當人面對勞動時──在此總是指那種從早到晚沉重的辛勞──，他感受到其實是：這樣的勞動是最好的警察，以及勞動控制了每一個人，並且善於強烈地去阻礙理性、欲求、獨立意念的發展。由於勞動消耗極為大量的精力，並且奪走對於反思、考慮、夢想、憂慮、愛、恨的精力，因此勞動總是樹立一個在眼前小小的目標，並且提供簡單而常態性的滿足。如此，一個不斷辛苦勞動的社會將會擁有更高的安全性：而現在人們把安全當成最高的神祇來崇拜。

尼采，《曙光》第三卷 173 節（KSA 3, 154 頁），根據原文校譯。

Q：為何尼采的批評不是對所有勞動的批評？

文本閱讀 4-4

塞內卡 Sénèque
公元前 4 年─公元 65 年

塞內卡

真正的空閒不與勞動相對立

塞內卡反對閒暇自由的時間是無所事事的。最重要的勞動反而是我們於經濟活動世界之外所實現的事情。真正的空閒是要留給最高貴的事務。

「是你（你對我說）要我避開人群，實踐退隱 (la retraite)，要我保持自我覺察！跟從你們偉大的斯多噶訓誡所說的，在行動中死亡 (mourir dans l'action)，你會怎麼做呢？」我用符合發生在我身上某個原則、符合你所認為的，來建議你，我並沒有躲起來，我將我的門關上是為了要服務更多的人。我沒有一天的日子是在休息中流逝。我將一部分的夜晚分配在學習上，我不讓自己睡著，除非抵擋不了。[⋯]

當我因此與我自己、與後輩交談，你不覺得我比作為道德傳訊的證人出現，當我在證詞文件上印上我的戒環[1]，在元老院[2]中以話語與姿勢支持某位候選人時，來得有用嗎？相信我：這些人無所事事是有一種更高等的活動。人的事務、神的事務，他們全部都處理。

塞內卡，《致盧基里烏斯的信》，I-8，書信集，1995 年，22-24 頁。

1 | 在當時為了擔保寫下的證詞，需要證人的印鑑。
2 | 羅馬元老集會的地方。

幸福在自由的勞動中

對哲學家阿蘭而言，勞動不僅是以求維生，我們需要忍耐且帶著束縛所執行的活動，人類也透過它得以自我實現。也因此，很容易理解為何勞動與自由以及幸福受到混淆。

一切行動真正進步的徵兆是我們能夠從中獲得樂趣，從而我們看到勞動是唯一美妙且足夠的。我這裡指的是自由的勞動，是產生能量同時也是能量的泉源。再次強調，勞動絕非忍耐，而是行動。

每個人都可以看到這些泥瓦匠在閒暇時自己建造小屋。應該看他們怎麼選擇每一塊磚瓦，這種樂趣在每項職業中都存在，因為工人永遠在創造並學習。但除了技術性的完善化所帶來無聊之外，當工人們無法參與作品創造，無法擁有他所做的東西、無法藉此進一步學習，而只能不斷重新開始，也會是一種巨大的混亂。相反地，循序漸進的勞動成果預期下一個成果的出現，是讓農人幸福的所在，我指的是在他身上的自由與自主。然而，存在著一個最大的雜音，反對著這些須付出許多辛勞的幸福，且永遠總是對可能嘗到幸福的概念帶有悲觀看法。如同第歐根尼所說，正是因為勞苦是好的，但是心靈不會只滿足於忍受這種矛盾；再次強調，他必須超越勞苦，從這個勞苦的思考轉化為快樂。

阿蘭，《論幸福》，47篇，1925年。Gallimard出版，1985年，114-115頁。

Q：在這裡，勞動與幸福所建立的關係意味著拒斥兩種錯誤的觀念，
其一是對勞動，另一者是對幸福。請明確指出是哪兩者。

從文本到論證──文本閱讀 4-1、4-2、4-3、4-4、4-5
根據這五篇文本，分析這個主題，同時指出問題源自於其概念模糊性：「閒暇的時間是我自由的時間嗎？」
── 閒暇的時間可能與勞動的時間相對立。在文本閱讀 4-1、4-2 中，哪個概念是與勞動的概念相結合，使得我們想要拿來跟自由的概念對照？
── 閒暇的時間應該是「自己的時間」。請指出文本閱讀 4-3 中，勞動如何可以阻礙自我的發展。接著請反過來指出文本閱讀 4-4、4-5 中，勞動可以是一種自由的活動。

延伸思考

OUVERTURE

電影

佛列茲‧朗（Fritz Lang）的《大都會》 (*Metropolis*)（1927）

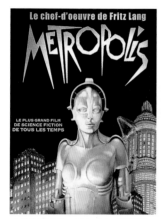

|《大都會》，1927年，佛列茲‧
朗的電影，法國版海報。

劇情大綱

　　法迪（Freder Fredersen，Gustav Frohlich 飾演）是統治大都會的大實業家約翰‧菲德森（Johhan Fredersen，Alfred Abel 飾演）的兒子。他愛上了工人階級的瑪莉雅（Maria，Brigitte Helm 飾演）。法迪因此發現了勞動階層工作的辛勞與他們的生活條件，便起身對抗他的父親。

　　電影最後因法迪與瑪莉雅的結合而使兩個世界達成和解。

　　透過三個人物，《大都會》述說了工人階級對統治者的反抗，並揭露因為機械化而造成的不人道情況。

一個被劃分為統治者與勞動者的社會

　　1927年，德國導演佛列茲‧朗受到他對紐約第一印象所啟發，呈現出未來城市的場景：《大都會》。這個想像中的大都會是由上城與下城兩個地方所組成，也反映出社會結構。上城由誇張的摩天樓所組成，是統治者所生活的地方。下城則位於不見天日的地底，是工人生活之地，他們只有在工作時才上到地面，並操作巨大的機器以供應大都會的生活。

|《大都會》電影劇照。

勞動的呈現

　　電影由呈現工人在勞動的一組場景開始。機器周而復始的節奏只有在換班時才會間斷，我們可以從中看到因為經過一整天工作而精疲力竭的勞動者，與他們的換班者互相交錯。

一個象徵性的場景

　　藝術理論家希格佛里德‧克拉考爾（Siegfried Kracauer）指出，《大都會》這部電影常常援引「裝飾」（l'ornemental）手法，也就是將人群以整體幾何性的布局，營造出美感與

裝飾效果。「裝飾」是克拉考爾在1930年代主要的分析主題之一。從這個盛行的場景安排效果中，他看見了人群變成大眾的徵兆，個人面向的消失與資本主義的生產性和去人性化的意識形態有關。

哲學練習：勞動是否使社會分裂？

電影一開始就宣告，又透過電影人物不斷形塑，並在電影終了再次重申的「道德」如下：「心靈必須調合腦袋與四肢。」請解釋這句話的意義，並指出這是基於哪一種類比？這句話又是基於勞動的哪一種構想？（▶見文本閱讀3-1，104頁）

綜合論證

使用電影中分析的元素來撰寫作業回答這個問題：勞動是否是對個人的否定？

訪談

工作的痛苦

越來越多人因為工作條件而感到痛苦，心理學家克里斯多福・德諸（Christophe Dejours）說明這個新現象。

幾個月以來，越來越多人談論因工作而自殺的案例 [⋯] 該如何解釋這個現象？

應該從勞動分工推往極端來尋找原因。勞動分工首先是應用於企業內部管理的方法，認為我們有越多的規訓權力來控制人，我們就越能獲得所謂的效率與應變力。而最好的控制方式就是讓人們分工。但自從泰勒式管理主義的危機後，受薪者就自我組織，他們透過醫療互助保險制度和工會，建立起互助團結，獲得了罷工權利、保護制度，所有讓企業感到厭煩的事物，企業因而想要破壞這些保護制度。

這能夠說明工作職務的個人化與持續性績效評估的趨勢嗎？

一切都從1980年代末的服務行業開始。資訊化是一種工具，如果沒有它，泰勒所夢想的組織系統就無法展開。從此以後，工作站

(le poste de travail) 可以記錄，甚至窺視人們所做與沒有做的一切。這因此使得績效從個人化變得系統化，在今日我們已經看到成效。互助團結、關係、保護制度開始轉向。

從那之後，是怎樣的運作機制造成了工作上的痛苦，最後，變成了自殺？

自殺是構成勞動世界的社會組織崩解過程所帶來的效應。勞動組織不能被簡化為一種既冷酷又理性、隨時都可以量化評估的分工以及勞務的分派。在現實上，事物從來不會如人們預期的去運作。勞動組織也同樣必須立基於「共同生活」之上。當我們互相交談、互相傾聽，在喝咖啡時互相論證，這時我們談論的事物是我們從來不會在體制化結構的範圍中提到的：我們批判上下等級制度，我們討論行不通的事、那些困難與那些令人生氣的事情。總之，我們讓真實浮現，而這常與管理階層所採取希望事情順利的方式有落差。也是在這些非正式的社交場合中，許多要素互相傳遞，讓企業中的勞動與相互支援的規定中帶有規範性和建設性的協議得以再活化。規範性與社交性的活動並行是非常重要的。因為在這些時刻，處在共同挑戰中，任務實現的樂趣才得以建立，簡言之，就是有了活著的樂趣。這是在一間企業中最具調節性的過程。

節錄自史蒂芬・洛耶對克里斯多福・德諸的訪談。《世界報》，2007年7月22日。

哲學時事問題思考

這篇文章能在工作領域中區分出兩種與他人關係的面向：

1. 為何工作上的理性組織所帶來的紀律與控制型態，可能引起個人之間的衝突關係？
2. 相反地，人們為何可以說工作涉及個人之間協議型態的關係？勞動社會可以用什麼樣的方式，重新確認這個利益共同體？
3. 撰寫一篇帶有論證性質的綜合文章。採用訪談中的要素來回答這個問題：對勞動進行組織化，是謂了優化勞動嗎？

練習1：掌握詞彙

a. 說明為何這些不同的語詞參照了技術的概念：
電信技術—新的科技—技術困難—生物科技—科技學士學位

b. 請闡明技術與科技之間的差異？

練習2：掌握詞彙 ▶見第二冊〈自由〉、〈幸福〉

勞動（travail）這個字有許多同義詞：苦活—賺錢生計—職業—志業—技能。

請說明每個詞特別表達出哪個勞動面向。

練習3：例子分析與形成問題意識

對呂西安・塞弗來說（▶見文本閱讀2-3，103頁），我們已經不是活在科學年代，而是科技年代，後者可以透過如下方式解釋：

技術科學完全不是科學在技術上的延伸，而是反過來，技術用它一切的經費，滲入科學以掌握其運作方向。在這樣的系統中，理論成為實踐過程中的某個簡單的階段，而不再具有主導地位。「沒有利害關係的」科學被置於利益世界的競賽之下。大量被併入生物科技的生物醫療尤是如此。

呂西安・塞弗，《對生物倫理理性的批判》，1997，218頁。

1. 為何「科技」與傳統上科學與技術之間的關係是相反的呢？
2. 哪些做法是源自生物科技？為何人們可以說這些做法是與「利益世界」有關。
3. 經濟上的考量如何影響科學的研究？

練習3試答

1. 從前科學是支配技術的，因為要先具有知識（要發現某種自然法則），接著才能找出具體運用。因此，科學知識在可能被轉化為技術運用之前，得先根據自身的邏輯（去尋找人們所忽略的）來自主發展。理論先行並決定了實踐。例如：伽利略只是尋求認識宇宙，征服太空不過是在他的發現後，出現在遙遠未來的間接效應。反之，在科技的情況中，人們尋求的比較不是我們所忽略的，而是可能對我們有利的。只要科學無法確保技術上立即的應用，無論是否有理論上的貢獻，我們就不再關心某些科學問題。實用性主導科學，並決定理論領域的發展。科學因而不再自主，不再服膺於科學邏輯，而是服從於經濟邏輯。

2. 生物科技指的是與生命相關的科技，尤其是透過基因改造來改變且創造活生生的有機體。生物科技也因此可在健康領域（如疫苗、治療等）以及農業上（如基改作物）被使用。醫藥工業與農產工業也對生物科技感興趣。

3. 科學研究意味著龐大的資金，因為必須給付研究員的酬勞，又尤其實驗需要儀器與材料，而研究員無法自行提供，再加上公共資金也可能不足。在這個情況下，研究就必須求助於私人資金，也因此變得依賴提供資金的企業，並認為資金如同投資，要求快速回報，也就是拿實際與可獲利的應用作為交換。

練習4：深入思考並提出問題意識

以下以綱要形式呈現出論文題目可能提出的問題意識：
「我們是技術的受害者嗎？」提出一個詳盡的大綱。

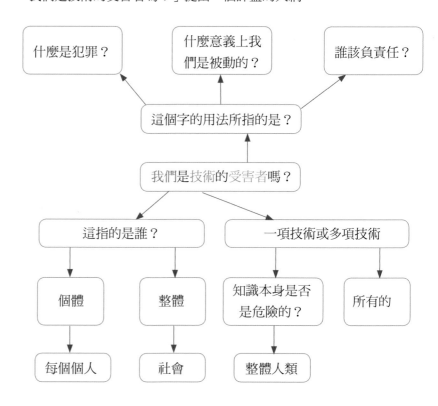

練習5：深入思考並提出問題意識 ▶見第二冊〈自由〉、〈幸福〉

以下以綱要形式呈現出論文題目可能提出的問題意識：
「喜愛他／她的工作，仍可說他是在工作嗎？」提出一個詳盡的
大綱。

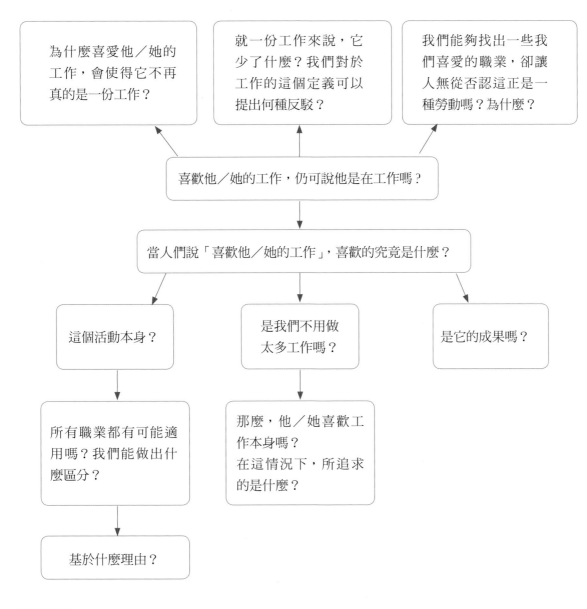

答題方向

分析題目：

　　——當人們說他「喜歡他的工作」，喜歡的究竟是甚麼？我們
能夠喜歡活動本身（藝術職業的例子），它的成果（它是有用且貢獻
社會的），還是不用做太多工作的事實（但這意味著人們喜歡的不是
工作，而是它所給予的空閒時間）。

──問到「仍可說他是在工作嗎」意味著工作只由它的辛勞所定義。符合其詞源（「tripalium」表示一種折磨的工具），工作就會是一種只要人們能夠避免就避免的束縛。因此，一份職業，如同藝術家，如果是一種被選擇且令人愉快的活動，就不足以稱為「工作」。

──但我們可以反駁這仍然不足以成為一種休閒：說一位明星舞者喜歡他的工作，並不是說他什麼都不用做，或他不用「工作」。假如因此某人無法排除在工作中努力付出的概念，這不表示他永遠不會喜歡他的工作。所以必須要作如下區分：

──如果我們認為「工作」是單純的苦活，因此要喜歡他的工作確實就是不要工作。

──但我們也看到這個對勞動的定義之限制與爭議，因為這個定義不再能包含對所有內在於活動之中的努力，包括那些令我們感到愉快的。

──只將工作定義為痛苦，我們就忘記了工作首先使人脫離自然，改變世界並成就自身。也因此反而人們不喜歡工作這事情變得不正常：這個我們稱之為「工作」的，並不是真正的工作，而是越來越趨向的異化與剝削。

練習6：理解藝術作品

| 迪亞哥‧里維拉，《底特律工業》（細部圖），1932年，收藏於美國密西根底特律美術館。迪亞哥‧里維拉畫出了美國汽車的歷史。圖中右邊的是艾德賽‧福特與威廉‧瓦倫提耶。

1. 解釋迪亞哥‧里維拉的這幅壁畫，如何同時呈現福特工廠技術的強大，以及因而對勞動條件的批判？
2. 何謂福特主義？
3. 你知道其他勞動組織的形式嗎？它們有哪些特色？

練習6試答

1. 壁畫建立在顏色與形式的對比上：機器是灰色色調和幾何的形狀。機器的巨大帶給人力量的感覺。相反地，人們在畫中是以鮮明的色調、更細緻的手法呈現。但我們注意到工人沒有臉：他們背對著觀看者（上幅）或像是陰影（下幅），彷彿被他們的工作除掉了他們的人性。

2. 福特主義是由亨利·福特在二十世紀初所訂立的勞動組織模式。主要是勞動生產鏈的引入。

3. 在年代的次序上，福特主義介於泰勒主義與豐田主義之間。泰勒主義是美國工程師費德利克·泰勒於 1880 年代所設計的勞動組織制度，他想要一種「勞動的科學組織」，以精確的方式（透過計時）建立最有效率的勞動分工，並區分規劃者（工程師）與執行者（工人）。豐田主義是由日本工程師大野耐一，在二次世界大戰後的豐田工廠發明的勞動組織制度，並從 1970 年開始應用到所有汽車產業上。它的重點在於以即時生產來降低成本，以避免庫存與滯銷。

練習7：理解文本

　　這是柏拉圖著作中，由智者普羅塔哥拉斯所敘述的普羅米修斯神話的結局。

　　面對這一窘況，不知道該如何保護人類，普羅米修斯盜取了赫菲斯托斯與雅典娜的技術知識，以及火。因為少了火，就沒有辦法獲取並使用這些技術，火因此出現在人類世界（如是，他將火送給了人類）。[…] 因為人類擁有一部分神的命運。首先，因著與神的親屬關係，人類是所有活著的生物中唯一承認（信仰）神的，他試圖建造祭壇與神像。接著，多虧了技藝，他立刻說出清晰的發音與文字、他也發明居所、衣服、鞋子、被子與來自土地上的食物。一切具足，人們開始時散居生活著，那時沒有城邦，他們因而生活在兇猛的野獸的威脅之下，因為他們整體上比野獸們來得弱小。而他們的技藝，作為保障食物是足夠的輔助，但在與兇猛野獸們的戰鬥上卻顯的不足。事實上，他們尚未擁有治理的技術 (l'art politique)，而戰爭的技術也是其一。他們當然會力求集結建造城邦以確保安全。但每次當他們聚集，他們卻對彼此做出不義的行為，因為他們沒有治理的技術。宙斯也因擔心我們族類（人）會因此全體滅亡，派遣赫米斯為人類帶來廉恥與正義以構成城邦中的秩序，以及聚集（連結）人類的友愛關係。赫米斯

因而問宙斯，他該如何給予人類正義與廉恥的禮物。[⋯]宙斯回答：「將它們分散到所有人之中，讓每個人都能夠分到，如同其他技藝一樣；並且以我之名建立起如下法則（法律）：無法做到廉恥與正義的人，我們將他處死，如是城邦則將下災禍（如同他是城邦的災禍）。」

柏拉圖，《普羅塔哥拉斯》，321d-322，根據原文校譯。

a. 理解文本

在這裡，擁有技術與擁有神的屬性相關：是何者？

這項事物是如何被分配到人們之中？技術是這樣受到分配的嗎？

b. 凸顯問題

為何單靠技術不足以保障人類的存在？為何還必須擁有治理與道德的能力？請舉出一些例子。

為何在《普羅塔哥拉斯》篇中對技術能力的思考，會延伸出對民主的思考？人們可以因此說政治是專家的事嗎？

文本解釋練習：撰寫這篇文本的論文，並清楚說明這篇論文的推論。

練習8：使用引述

在《巨人傳》(*Pantagruel*) 中，拉伯雷 (Francois Rabelais, 1494-1553) 寫道：「沒有良知／意識的科學，只不過是靈魂的廢墟。」

1. 請分別以「良知」和「意識」，清楚說明拉伯雷這句引文。
2. 如同文本閱讀 4-2 與 4-3，各篇如何以各自的方式表達出道德判準的必要？

練習9：個人見解與正反辯論

分成三組討論柏拉圖的文本：

——第一組定義出技術如何獨立於政治與道德問題之外。

——第二組則相反，指出它為何需要服從某些道德考量。

——第三組對前兩組提出質疑，讓他們的論據更加明確，或修正他們的論據。

綜合整理

定義

> 勞動是一種活動,人類透過勞動改變自身環境,以求供應自己生存所需。技術是為了達到這個結果所使用的各種手段之總和。

提問 ── **Q1:勞動與技術是否與自然相對立?**

癥結

> 人類不滿足於天生自然所賦予的東西。但技術也預設了對自然服從的一種形式。

答題方向

> 對法蘭西・培根來說,技術在於運用大自然的法則,也因此是屈服於自然。
>
> 對馬克思來說,勞動不僅改變了外在的自然,也在發展我們的能力時,改變了自我的自然本性。

引述

> 「我們只有服從自然才能支配自然。」(培根,《新工具》)
>
> 「將我們變成自然的主宰與擁有者。」(笛卡兒,《論方法》)

提問 **Q2：技術會帶來危險嗎？**

癥結

這個問題要問技術本身是否就是危險的，或是應該要在技術之外尋找威脅的原因及其引起災難的理由？

答題方向

根據漢斯・約納斯，技術已經變得比原始的自然更危險。對呂西安・塞弗而言，技術本身並不是危險的，而是它的工具化以及由於經濟考量而造成的墮落。

引述

「我們對自然的危害，比從前自然對我們的危害更大。」
（約納斯，《自然的倫理》）

Q3：技術是否解放了勞動？

由於技術創新的勞動條件上的轉變，引起人們去質疑勞動的定義。

答題方向

對黑格爾而言，勞動是帶有精神的活動，勞動機械化消除了精神的面向。

對拉法格而言，機器不是要縮減勞動時間，而是依據「勞動教條」，機器要用來提高生產。

引述

「人只在整體上對所有人減輕了勞動，但沒有對單一的勞工減輕（勞動），卻反而使之增加」。（黑格爾，《精神哲學》）

「假如梭子能自行織布 [⋯]，那麼匠師就不需要執行者，也不需要奴隸主了。」（亞里斯多德，《政治學》）

論文寫作練習：找出確切的例證說明以下主題
- 「技術發展是否改變了人類？」（經濟社會組，2009）
- 「我們從工作獲得了什麼？」（經濟社會組，2007）
- 「體力勞動與思想勞動的對立有什麼價值？」（科學組，2007）

5 | 宗教

Q1. 人需要信仰嗎？
Q2. 人可以宣稱自己認識神嗎？
Q3. 理性與信仰注定相互對立嗎？
Q4. 宗教是否帶來幸福的錯覺？
▶見第二冊〈幸福〉

「尋常的宗教」

| 巴西原住民波洛洛人，為了舞蹈儀式而彩繪身體。

人類學家李維—史陀在觀察巴西的波洛洛族人時，驚覺到他們的日常生活與宗教生活之間並沒有清楚的分界。

不是因為在波洛洛族人的宗教較具有令人眩惑的威望，正好相反，宗教是自然而然的。在男性會所中，儀式性行為與其他行為一樣隨意，彷彿這些行為舉止是實用性的動作，為了達到目的而執行，不需要求非教徒進入聖殿時要抱持虔敬的態度。這天下午，有人在男性會所中為了夜間眾人的儀式而唱歌。在某個角落，有些年輕男子打呼或閒談，兩三個男人擺動搖鈴哼唱著，但假使其中一位想抽菸，或是輪到他喝玉米粥，他就會將樂器傳給身旁的人接手；或是他換一隻手搖著樂器，伸另一隻手抓癢。

李維—史陀，《憂鬱的熱帶》，口袋書系列，
Plon出版社，1955年，267頁。

一般看法	思考之後
人懼怕神	神聖是鑲嵌在生活中的

宗教的基礎在於，人相信有高於自身的存在，例如神或天使。在這個神聖、超越經驗的存在與人類的存在間有著本質上的區分。超越經驗的是超越且無限的本質。在一神教中，神應該是超驗於人的，因為就其本性及其性質，祂無限地超越了所有的存在者。人創造了特別的空間（廟宇）、特殊的功能（祈禱）、特定的行為（儀式、崇拜），以榮耀他所恐懼力量的信念。似乎，人需要相信這個超越的面向以理解自己的命運，也不再需要擔心自然中神秘的事物。

李維—史陀觀察了波洛洛族人的宗教生活之後大感不解。他察覺到宗教在他們的生活中如同自然而然的存在。這些人一直未將神聖（儀式）與世俗（日常生活的行為）完全區分開來，毫不擔憂兩者會混在一起。儘管在傳統宗教中（一神教、佛教、印度教），我們可看到在神聖與世俗之間有明顯的距離，但對信徒而言，宗教也必須成為日常生活中的經驗。信仰也在其中以簡單的動作傳達出來（胸前畫十字架、蹲跪等），而成為日常生活的一部分。

文化是讓人脫離本性還是實現本性？

宗教是界於人與神之間的關係。
根據其詞源（拉丁文：religare），宗教的作用在於「連結」世俗到神聖，人到神以及人與人之間。信仰與儀式、個人與社群、神聖與世俗……這個複雜的存在的多樣面向為何？

從定義尋找問題意識

定義

> 宗教是信仰與集體儀式的整體，它朝向某種甚至是具有神聖性的超自然。

信仰與儀式的整體

宗教信仰關乎超自然界的存在和這個超越存在與人之間的關係。例如：相信唯一的神或多個神。一個宗教信仰因與其他信念有關而產生了意義。宗教因此不是孤立且荒謬的簡單迷信。例如：相信靈魂不朽與天堂，會比害怕遇見一隻黑貓來得有意義。信仰的整體建構了宗教的教義，常常被包含在神聖經文或是經文釋義中。這些信仰透過儀式來傳達對神聖超越存在的崇敬之意。例如：祈禱、朝聖等。

集體

宗教是集體的現象，意味著信徒之間在信仰與實踐上的凝聚。事實上，信仰呼籲信徒透過親近與互助的關係，團結在一起，進而形成單一整體（教會）。也因此，沒有所謂「屬於個人的宗教」。

朝向某種甚至是具有神聖性的超自然

在所有宗教中，都找得到超越或是涵蓋人的一種存在、命令，以及秩序的參照。但這不表示所有宗教都有神。例如：在佛教中，佛陀被視為智者，是邁向悟道的引路人。我們反而發現，在宗教中，人都會與超越他的秩序相連結，這個超越的秩序指引他的人生，也因此人應該要重視它。

定義提出什麼問題？

定義提到了深植於人身上的信仰。這些信仰只跟宗教有關嗎？還是也是根植於人類天性的需求？▶ Q1：人需要信仰嗎？

這個定義也指出人可以藉由思想、內心或是行為與神聖的信念產生關聯。但假如這信念是無限的或是超越的，人如何期盼能認識或是定義「它」？▶ Q2：人可以宣稱自己認識神嗎？

宗教尋求信念，並常常顯示出這是人們無法用理性把握的真實想法。理性是否因此成為信仰的敵人？▶ Q3：理性與信仰注定相互對立嗎？

問題思考

COURS

相信（croire）/ 知道（savoir），
主觀（subjectif）/ 客觀
（objectif）

相信，是把某個事物當作真的，
但是只能以主觀情感、以某個經
驗或教導作為證明。知道是從客
觀證據、觀察到的事實去認識。
例如：人知道自己是會死的，但
可能相信不朽的存在。

「宗教是人民的鴉片。」
（馬克思，《黑格爾法哲學批
判》）

| | 審定注：croyance在法文中，可以
是「相信」，這樣的相信，可以是自
認為的相信，也可以指涉對價值的
「信念」，或是在宗教上堅信不移的
「信仰」。

Q1：人需要信仰嗎？

我們能夠區分不同程度的信仰（croyance）[1]。信仰可以只是一種簡單的看法（例如：我認為在人群中看見他），或是在宗教信仰範疇上一種強烈的主觀肯定。例如：當信徒肯定他對神的信仰，他會信服神的存在。假使宗教信仰是人類特有的，是因為宗教與人類的存在有所關聯。在人面對死亡的不安，宗教可以穩定他的焦慮，並且賦予他的生命意義。

1. 信仰回應了某種自然的需求

我們可能認為宗教信仰回應了某些存在的問題。例如：為何人會出現在地球上？死亡是否無可避免？根據康德，神的概念是由人的理性自然形成的。而當理性想像著神，理性會以道德的角度來看待神，這個神會回應人對祂的期待：神或許會赦免那些永遠行善的正直人或相信祂的人，並在天堂獎賞他。人因此可以合理地假設有神存在，將之視為一種創世、天命與公正的存在。（▶文本閱讀1-1，129頁）。

信仰是自然的，宗教信仰的形式則與文化有關。例如：面對死亡的焦慮，復活與轉世就是死後生命繼續存在的兩種宗教假說。因而，當我們進入信仰的具體內容，我們就能理解宗教是一種撫慰，能平緩人的焦慮。同樣地，我們也可以問自己宗教的根源是否深藏在人的心裡、在人的童年，在他還未成為理性的存在時。這就是佛洛伊德的假設（▶文本閱讀1-2，130頁）。

2. 信仰回應一種社會需求

宗教似乎也回應了人的社會需求。宗教賦予同一個社會的成員價值觀、法律，以及共同的象徵，也因此扮演著社會「酵母」的角色：它焊合了群體。不論是出於自然還是社會，信仰的需要似乎普世皆然。但這個說法可能有爭議：無神論者、那些不信神的人可能不會承認。不論如何，自稱自己沒有宗教信仰的人，必定也對他所相信的信念萬般篤定，或是相信自己所認定的真實並使之神聖化，例如，有人會把政治行動、理性、科學神聖化。根據宗教歷史學家伊利亞德（Mircea Eliade），人是在與神聖的關係之中定義自己，即便是拒絕宗教信仰的人，也是透過反對宗教來定義自己是誰。

Q2：人可以宣稱自己認識神嗎？

宗教質疑哲學，因為哲學宣稱認識關於神的真理（一神或多神的存在，以及祂們的性質等）這件事超過了理性的限度，因為理性只能處理具體或抽象存在的知識。這些真理建立在另一種情況中，那是不同於觀察得到的簡單存在（例如：我看到這張桌子存在）或運算（例如：假如 A<B 且 B<C，那麼 A<C）。問題因此在於，如果人可以宣稱認識神，而祂卻是以無法完全由理性掌握的方式而存在，那麼，人如何能夠確定神是對應某種真實的存在？果真如此，人又如何知道他對神的設想與神是相符合的？

1. 神使自己在人的心中被認識

根據許多基督宗教的信徒，對上帝的認識，不是人努力的結果。信仰如同神聖的贈禮，藉由這個贈禮，人才得以認識上帝。例如：上帝是唯一的，是造物者、是仁慈的。某些思想家認為，上帝創造了人，祂在人身上賦予神的印記。人是按照上帝的形象與相似性而來，因為他擁有上帝般的智慧與意志，因而他是朝向永恆而存在的。巴斯卡因此將人設想為有限的存在（有限的、會死的），渴望無限，因為人感受到與上帝這個無限存在之間原初關係的空缺。人因原罪而流離失所，他忘了自己取決於上帝，但能夠透過信仰重新找回他對存在的確定（▶文本閱讀2-1，132頁）。

2. 人可以透過自然的理性之光來認識神

哲學很早就認為人有能力透過自己認識上帝。坎特伯里的安瑟莫（Anselmo de Cantorbery）以及笛卡兒都提出了上帝存在的理性論證。同樣地，自然宗教的思潮主張，從宇宙秩序出發，我們可以設想一位這個秩序的造物主。因此，盧梭認為人只要具有道德意識，可以指引人的內在合乎神的判斷。對一個有秩序的自然進行默觀，就得以掌握到上帝是自然秩序的創造者（▶文本閱讀2-2，133頁）。

3. 對神的科學認識並不存在

總之，某些思想家斷定了上帝的概念，如果這個概念幾乎是各地皆同（也就是「至高無上地完美存在」、無限的、無所不知的、全能的等等概念），但這不足以構成認識上帝存在的事實。即使是無神論者也可以設想出一個完美的存在，但他卻不必相信可以認識神的存在。康德就是基於這個理由，認為人們無法僅是透過設想上帝的存在，就得以認識上帝的存在。思考，只是設想一個事物，然而，認識，是將這個事物放置在時間與空間中，成為一個可感知的存在。

> 「各個宗教就像不同的道路，卻指向同一個終點。」（甘地）

定義

自然宗教（religion naturelle）主要是十八世紀的思潮，認為人可以透過理性以其道德意識來認識神，而不需要援引天啟。

Q3：理性與信仰注定相互對立嗎？

信徒訴諸信仰，如同去援引一個高於知識的原則，無神論者卻相信科學理性。介於信仰與理性之間的對立似乎太簡化。然而，在某些學說的論點上，信仰與理性無法輕易達成一致。例如：相信神在六天之中創造了地球、天空與一切物種，就我們所知，與物種的演化理論無法相容。我們是否可因此認為信仰與理性之間的對立是有道理的？

1. 信仰與理性的一致性建立在區別與上下排序

當信仰與理性對同樣對象持有相互矛盾的說法時，我們就無法設想兩者之間存在著真正的一致性。例如：在文藝復興時代梵蒂岡所捍衛的地球中心論，與哥白尼及伽利略的太陽中心論是相對立的。唯一達成一致的解決辦法，是區分不同層次的真實，有時透過理性、有時透過信仰。阿奎那認為，某些神學的真相只有透過信仰才得以接近，其他的則是透過信仰與理性。（▶文本閱讀 3-1，135頁）

2. 必須區分思想與信仰

區分信仰與理性的，首先是從人們對它們的依戀程度。信徒堅持宗教的真理，因為這些真理對他而言，是他緊抓不放的主觀信念，因為這些真理給他據以參照的標準（▶文本閱讀 3-2，135頁）。反之，那些從客觀事實推論真實的人，構思了可以被解釋的假設，對他而言是可靠的思想，但他可以在必要的時候脫離。例如：一位研究材料與其特性的物理學家。

3. 然而即便是科學也包含著信仰

科學家真的沒有信仰嗎？學者，即使只是短暫的一瞬，也會相信某個可能的假設。尼采卻注意到，在科學中尋找絕對真理，依然是包含著信仰在內（▶文本閱讀 3-3，137頁）。科學主義（根據其構想，科學可以回應並解決所有的問題）似乎就已經給出了明證。

Q1：人需要信仰嗎？

如果宗教是銘刻在人類天性上某種對相信的需要所代表的標記，是應該去探問這個需要的來源。重點在於去理解，宗教是否無法從人類身上消失（又是否因而定義了人），或者這是否是人類可以改變甚至取消的文化建構。

宗教回應實踐理性的需求

文本閱讀 1-1

康德

依曼努爾・康德 Emmanuel Kant
1724-1804

　　對康德而言，上帝的概念不是科學的對象（理論上的理性），而是道德引導生活實踐的必要前提。事實上，只有上帝能夠在我們依據道德行事時，保證這個行為有一天會獲得回報。

　　此一道德的世界主宰者的理念，是我們實踐理性的一項課題。我們所在意的，不是知道上帝自身（祂的本性）是什麼，而是了解祂對身為道德存在者的我們而言是什麼。即使為了此［道德上的］關聯，我們必須如此思維和設想上帝的本然屬性：對此關係而言，上帝為了能夠徹底貫徹其意志所需的完善性是必要的（例如：將上帝設想為永恆不變的、全知的、全能的存在者等等）。在此［道德上的］關聯之外，我們沒有認識上帝的可能。

　　依據實踐理性的這種需求，普遍真正宗教信仰所相信的上帝為：(1) 作為開創天地的全能造物主，亦即在道德上，作為神聖的立法者；(2) 如同上帝是慈善的主宰者和道德的提供者，上帝也作為人類物種的維護者；(3) 上帝是祂自己神聖戒律的執掌者，亦即作為公正的法官。

　　這種信仰實際上並不帶有任何奧秘[1]，因為它僅僅表達了上帝與人類物種之間的道德關係；同時由於這種信仰自發地呈現於所有人類的理性之中，也因此在大多數文明民族的宗教中都可發現這種信仰。

康德，《單純理性界限內的宗教》，第二篇、第三章，一般性附釋。根據原文校譯。

[1]｜奧秘是一種神聖的事實，無法讓所有人都知道。例如：對天主教徒而言，三位一體是無法透過理性來理解的。

命題：根據康德的說法，我們只需要從道德的角度來認識上帝。這表示我們只要知道上帝存在對正確行事是有助益，其他一切都是無謂、危險且無法被認知的。

論據一：對上帝的實際需要是道德的，但這也是將上帝設想為「宇宙的最高道德」。▶ Q1：為何知道上帝是全能或全知在道德上是有用的？

論據二：談論信仰的文章可簡化為三個主張：上帝是造物主、人類的守護者與正直的審判者。▶ Q2：你可將上帝的這三個屬性和什麼連結在一起？

論據三：若以此來設想上帝，就只是在援引理性，而不是神聖經文的啟示或人類的想像。▶ Q3：我們因此就能接受上帝對人的理性來說並非奧秘嗎？

文本閱讀 1-2

西格蒙德・佛洛伊德 Sigmund Freud
1856-1939

佛洛伊德

宗教是對應心理需求的文化性回應

　　在這部著作中，佛洛伊德支持的論點是，信仰應該是從人幼年起，就體驗到的根深柢固的無力感與被拋棄感。上帝因此幾乎就是全能的父親，同時是保護者也是審判者。

　　因此，產生了一種 [綜合] 諸多設想的珍寶，源自於使人類得以承受痛苦的需要，從每個人與人類童年的痛苦回憶中加以轉化。很顯然，這個珍寶從兩方面保護著人：抵抗大自然與命運的諸多危險，以及抵抗來自於社會所帶來的損害。從這兩個面向的比對，可以得出如下的概念：在世上的生命是為了一個更高的目的，確實難以猜測，但肯定是意味著人類的實現。這很可能是人的精神層次、他的靈魂[1]，如此緩慢、好不容易地才與身體分離，應該是高貴與超越的對象。一切世上所發生的事，都是一種高於我們智慧之諸多意向的實現，它透過我們確實無法參透的路徑，迂迴前進，最終將一切事物導向善，也就是朝著令我們喜悅的方向。一位善良的上帝，表面上看起來嚴厲，卻護祐著我們每一人，不讓我們淪為自然強大且無情力量所玩弄的對象；死亡本身並非全然的消滅，也不是回歸為毫無生命的無機體，而是新的存在的開始，走向更高度發展的方向。而另一方面，我們文化所建立的同樣道德規範也支配著一切普遍的歷史，只是這些道德受到具有無比巨大的力量和嚴格的最高律法的審判所保護著。一切的善終將獲得獎賞，一切的惡將受懲罰，即便不是在這形式的生命裡，至少在之後的存在，死亡後開始的存在。

1｜人的一部分，在形而上學與宗教中被視作可與身體分離的原理，可能是不朽的。

佛洛伊德，《一個幻覺的未來》，1927年，O. Hasen-Løve，Hatier出版社，2010年，26-27頁。

Q：在什麼情況下，對宗教的諸多設想是出自於人類的需求？

人透過與神聖的關係定義自身

文本閱讀 1-3

伊利亞德

米爾奇亞・伊利亞德
Mircea Eliade
1907-1986

對伊利亞德來說，神聖的意義存在於所有人類文明中，無論這個文明是不是有信仰。

　　無論是沉浸於哪一個歷史背景中，「宗教人」(l'homo religiosus)[1]永遠都相信有種絕對的真實的存在──神聖的存在，超越現在這個世界，也因而將之神聖化，並讓它變得真實。宗教人相信生命有一個神聖的起源，相信人的存在能實現人在所有宗教範圍內的潛能，只要人的存在是宗教性的。也就是說：摻入了現實。諸神創造了人與世界，創造文明的英雄則完成了創世，以及一切神聖的傑作都存留在神話之中。[…]
　　很容易看出，所有可以區別（宗教人）這樣存在於這個世界上的方式與不信宗教的人[2]的不同。最重要的是：不信宗教的人拒絕超越的存在，接受現實的「相對性」，而且他甚至有時候會懷疑存在的意義。[…]人類創造了自身[3]，而且他只有在去除自我的神聖，且將這個世界去神聖化的條件下，才能具體地創造自己。神聖是他面對自由的最大阻礙。[…]但這位不信宗教的人是從「信宗教者」而來，且不論他願不願意，他也是後者的產物，從他祖先所設定的情境中自我建構。總之，他就是一個去神聖化過程的結果。

伊利亞德，《聖與俗》，Folio系列，Gallimard，1965年，頁171-172。

1 | 人是以宗教為基本特質的物種。

2 |「不信宗教者」的法文原文字是由一個前綴「a」所構成，以表示沒有宗教信仰的人。同樣法文的無神論者「a-thée」（根據希臘詞源）字面上表示沒有神。

3 | 伊利亞德這裡引述了沙特的話，認為因為人在這世界有所行動，且透過自身的行動來形塑自我，而不用透過神來定義自我。

從文本到論證──文本閱讀 1-1、1-2、1-3
透過閱讀這些文本，並透過你自己的思考，明確提出對每個主張的反對看法。
── 人類天生就是宗教性的。
── 宗教是建立於人的心理需求。
── 宗教完全是道德的。

Q2：人可以宣稱自己認識神嗎？

假如我們承認神與人在本質上有所不同，人身為有限的存在，如何能認識無限存在的上帝？如果這份認識有意義，我們就可容許多個假設。可以假設上帝向人展現自己並使人得以認識祂，或是假設我們認為人可以透過自己把握上帝是什麼。巴斯卡與盧梭闡釋了這些不同看法的分歧。

文本閱讀 2-1　*神透過人的內心讓人認識祂*

巴斯卡

布萊茲·巴斯卡 Blaise Pascal
1623-1662

巴斯卡描述在 1645 年的某個晚上，他自己經歷了天啟而知道上帝是耶穌。對他而言，天啟是兩種截然有別的理解層次之根源：受限於論證式認知的理性，以及心中直覺性認知的信仰。

我們認識真理不是只能透過理性，還可以透過心靈[1]。也是後者使我們得以認識諸多基本的原理，而理性論證試圖要對抗它們只是徒然，並起不了甚麼作用。懷疑論者[2]只以此為目標，徒耗心力。我們知道我們完全不是在做夢。當我們想要以理性證實它，會有些無力，這份無力感只是推論出我們理性的脆弱，而非我們所有的知識都不具有確實性，如懷疑論者們所聲稱。因為對諸多基本的原理的認識：空間、時間、運動、數目、[是] 與我們理性推論而來的原理同樣牢靠。理性正是必須要仰賴心以及本能的知識，並依此建立起一切的論述。心感覺到空間有三個向度，而數目是無限的，理性接著又推論出兩個平方數 [如 1, 4, 9, 16⋯] 沒有一個會是另一個的兩倍 (il n'y a point deux nombres carrés dont l'un soit double de l'autre)。原理可以被感受到，命題透過推論，儘管透過不同的路徑，卻都是肯定的──而且，如要心去要求理性提出其全部論證命題的某種情感，才願意接受這些命題，一樣是無用且可笑的。

這份無力感不應該只是用來使理性蒙羞──理性想評斷一切──而是不要去對抗我們的確定性，彷彿只有理性才能夠教育我們似的。祈求上帝，假使我們永遠都只靠本能與情感來認識一切該有多好！但大自然拒絕給我們這個福利；它卻反而給我們極少這種知識；其他的一切都只能藉由理性論證來獲得。

這也是為何那些透過心的情感來認識上帝所給與宗教之人是很幸福且具有合理說服力的。但至於那些沒有的人，我們只能透過理性論證讓他們認識宗教，只能等待上帝透過心靈的情感能帶給他們宗教，少了心靈的情感，信仰只是世俗人性的，無益救贖。

巴斯卡，《沉思錄》，第 282 段，按布蘭希維克（Brunschvicg）版本。

關鍵字區分

直觀的（intuitif）／推論的（discursif）

在文本中，巴斯卡區別了兩種認知模式：一種是建立在直覺上對基本事實的直觀認識，是明顯的內在認識；與之不同的，理性依照步驟來認知，在話語中以一連串的命題來進行，我們稱之為論證。這是一種推論的知識。

[1] 巴斯卡用的這個字有精神上的意思（人心，是上帝的居所，甚至也是人靈魂的居所）與智力上的意思（是認識原理的能力，本質性知識的起源）。

[2] 懷疑論者使用懷疑的這種特有方法。懷疑論者的法文「pyrrhonien」源自於希臘懷疑學派的創始人──皮羅。巴斯卡透過引用這個字來指涉那些想要懷疑一切的人，包括那些基本的真理（上帝存在，世界存在，我知道我不是在做夢）。

Q：在認知上，什麼證成了（心靈的）信仰比理性來得優越？為何認
　　知要去指向一種直接的確定性？為什麼這也適用在對上帝的認
　　識上？

Q：如何理解理性要依靠「心與直觀的知識」以進行第二層工作？

Q：對巴斯卡來說，論證上帝的存在是可能的嗎？

Q：提出其他有別於宗教領域中直觀式知識的例子。

人可以藉由天生的理性來認識神

文本閱讀 2-2

盧梭

尚─雅克・盧梭
Jean-Jacques Rousseau
1712-1778

　　盧梭對天主教內部的衝突感到失望，他想像的是一種自然的宗
教，上帝無需中介者就可以直接與人對話。他選擇薩瓦區的「副本
堂神父」作為代言人，向一位年輕人述說，人既無法「承認」，也無
法「拒絕」啟示宗教，人的自然宗教處於人與神之間簡單與直接的
關係。

│卡斯巴・弗列德利赫（Gaspard
David Friedrich），《河岸上的僧
侶》（*Moine sur le rivage*），1808年，
油畫。▶ Q：無垠的景像是否暗
示著向上帝走去？

　　從我的話裡你只能看到對自然宗教的信仰。若還需要其他的信
仰，是相當奇怪的。[…] 當我遵循上帝賦予我精神的光啓與祂啓發我
內心的情感來事奉上帝時，我又怎麼可能犯錯呢？[…] 為了上帝的榮
耀、為了社會的福祉以及對我自己的益處，請告訴我，除了自然法則
的本份之外，人們還有什麼可以添加的呢？而你可以從新的信仰中產
找出什麼道德，而不會是來自我自身信仰的結果？我們對上帝最深刻
的概念只源自於理性。且看自然的景象、傾聽內心的聲音。上帝難道
不是已經對我們的雙眼、我們的意識、我們的判斷說明了一切嗎？人
們還要對我們多說些什麼嗎？他們所顯示的事物只會以人的欲念來貶
低上帝。我認為尤其是教義使他們變得糊塗，一點也無法闡明偉大
上帝的概念；這些教義不僅無法使其高尚，反而使其墮落；對圍繞在

上帝周遭許多難以理解的神秘，加上許多荒謬的矛盾；使得人變得驕傲、狹隘、殘忍；不僅沒為世界帶來和平，反而帶來戰火。我自問這一切有什麼用，卻不知如何回答自己。我只看到人所犯的罪行與人類的痛苦。

有人跟我說，必須透過天啟，人類才能明白上帝希望我們服事祂的方式；他們拿自己制定出的各種奇怪崇拜來印證，卻沒看到這各種崇拜其實是來自於諸多天啟的狂熱。一旦各個民族毫無顧忌地想讓上帝說話，他們就都讓祂依照自己想說的讓上帝開口。如果人們都只聽上帝對人內心說的話，那麼世界上只會有一種宗教。應該有一種一致的崇拜，我是如此希望；但是否如此重大到需要以神的力量才能建立呢？我們千萬不要混淆了宗教的崇拜儀式與宗教。上帝所要求的崇拜儀式是內心的崇敬；當內心崇敬是真的，它就會一直是一致的。

盧梭，《愛彌兒》，第四卷，1762年，Folio系列，Gallimard出版社，1969年，443-444頁。

Q：為何道德意識與「凝視自然」能夠引導人進入神的概念？
Q：哪些是針對啟示宗教的批評？

從文本到論證——文本閱讀2-1、2-2
透過這兩篇文本，做一個表格，簡述兩位作者的論據並明確描述衝突的理由：
■ 理性無法認識上帝（巴斯卡）—— 理性就足以認識上帝（盧梭）
■ 上帝使人認識祂自己（巴斯卡）—— 上帝透過理性使自己被認識（盧梭）

Q3：理性與信仰注定相互對立嗎？

理性是讓人得以判斷與推理論證的能力，是人們藉以認識真實的工具。理性論證所具有的邏輯一致性，也能／或能符合經驗，成為確切認識的保證。科學因此從本質上來說是理性的，而它的論證也應該更能讓人信服。反之，信仰想要成為一種認識的工具，能夠無需論證就了解它的對象。信仰比理性更強調說服。信仰與理性兩者真的不相關，或者需要彼此互補？

關鍵字區分

說服（persuader）／信服（convaincre）

說服與信服的目的都是要引導某人走向一種想法或行動，但方法不同：說服以動員對話者的情感、想像力來進行；信服則較針對對話者的理性。

信仰與理性能夠彼此調和

在這篇文本中，阿奎那試圖調和理性論證的真理與基督宗教信仰。但是此一調和只有當我們先行區分通往真理的不同路徑才得以可能。

　　然而，在我們對上帝的主張上，有兩種真理。某些關於上帝的真理超過了人類的所有理性能力範圍：例如：上帝是三位一體或是一[1]。其他的真理卻相反，甚至能藉由天生的理性所達到：例如，上帝存在，祂是一，以及在這範疇中的其他真理。而這些真理，即便是哲學家也能透過自然理性之光推論證明而得 [⋯]。

　　儘管對於上帝是可理解的有兩種真理，其一是透過理性可以達成，其二則超過一切人類理性的能力範圍，上帝向人顯示的這兩種真理，以作為信仰的對象，這仍然是恰當的。

阿奎那，《駁異大全》，〈卷一，第三章〉。

[1] 根據基督宗教三位一體的教義，上帝是三種位格結合在同一個且唯一個的本性當中（三位一體且統一的）。

Q：為什麼三位一體的概念（對基督徒而言，上帝同時是聖父、聖子與聖靈）超越了理性，而上帝的一體性（只有一位上帝）卻是理性的？

Q：在文本中，是否隱含著理性與信仰之間的位階高低？

Q：根據阿奎那，上帝透過信仰向某些無法發展他們理性的人揭示了諸多神聖的真理。他用以下的理由來說明：許多人苦於無法透過理性來理解、為了維生上的需要而無暇思考、又或者是無法好好地判斷的人，而給予他們啟示真理。這些理由對你來說是否有道理？

思考與相信是兩件事

對阿蘭而言，信仰是融入一種想法或一種價值的情感狀態，是與科學的理性思維有所區別的。

　　思考不等於相信。鮮少有人明白這點。幾乎所有人，以及即使似乎是拋開一切宗教的人們，仍然在科學中尋找他們可以相信的事物。他們以某種狂熱堅持著一些想法，而假使有人想從他們那裡拿走這些想法，他們可是會咬人的。[⋯]當人們相信，胃會翻騰且整個身體也發直。信徒就像攀爬在樹上的常春藤。思考，則完全是另一回事。我們可以這麼說：思考，是創造卻毋須相信。

　　試想一位高尚的物理學家，他長期觀察氣體，將之加熱、冷卻、壓縮、稀釋。他因而構想出氣體原來是由數以千計的微小粒子所組

成，活躍地四處發散，並撞擊容器的邊壁。就這點構想上，他在那裡定義、計算它們，在那裡拆掉又重組他完美的氣體，如同製錶的鐘錶匠。所以，我一點也不信這個人會像盯著獵物的獵人。我看到的他會微笑，並沉浸在理論中，我看到他不帶著狂熱而工作，且接受異議如同接受朋友一樣。假如經驗無法證實，隨時準備好改變他自己所下的定義，而且這非常簡單，一點都不戲劇性。假如你問他：您相信氣體應該是這樣的嗎？他會回答：我不是相信它們應該是這樣的，我是認為它們確實是如此。

阿蘭，〈1908/1/15發表的阿蘭的言談〉，刊載於《盧昂與諾曼地快報》，
收錄於《一位諾曼地人的言談》，Lilian Sichler，Klimcksiek出版社，1993年。

Q：作者為何以「樹上的常春藤」來比喻信徒？他的信念對他來說代表什麼？

Q：相較之下，科學的超脫態度又該如何解釋？

文獻資料 DOCUMENT

│ 約瑟夫・弗勒希（Joseph Fleury），《伽利略在梵蒂岡的信理室[1]》（*Galilée devant le Saint-Office*），1847年，油畫（196×308 cm），收藏於巴黎羅浮宮。

科學與宗教

伽利略（1564-642）因為支持太陽中心學說（哥白尼學說），反對普遍所認同的地球中心學說（托勒密學說），而遭到兩次判刑。

圖中我們看到，伽利略面對著他主要的敵人貝拉明樞機主教（Cardinal Bellarmin）。在這場辯論中，角色的分派有時候是很巧妙的：貝拉明的立場其實也是科學的，儘管歷史上認為他是錯的。

Q：這一場景如何呈現出科學與宗教之間的對立？

│ 審定注：信理室（Saint-Office）是十六世紀羅馬天主教會所創立調查法庭，用來最終審判異端的案子。

科學理性仍然包含著信仰[1]

文本閱讀 3-3

尼采

費德利希・尼采 Friedrich Nietzsche
1844-1900

第五章 宗教—哲人看法

尼采認為，即便是科學行為，其核心仍包含著信仰。

　　人們有很好的理由說，在科學中信念不具有公民權力：只有當信念自己決定下降成為一種假說的、一種暫時性實驗觀點的、一種調節作用[2]的謙虛之時，它們[信念]才被允許出現，甚至才有權力在知識領域中擁有某種價值[⋯]。這難道不是意味著，只有當信念首先停止成為信念之時，它才被允許進入科學領域？科學精神的培育不是開始於不再允許任何的信念嗎？[⋯]這或許是可能的：僅餘的問題是，為了此種培育可以開始，是否不需要信念的存在，尤其是一種專斷的和無條件的信念，它犧牲了所有其餘的信念。我們看到，科學也立基於信仰，不存在著全然「沒有前提」的科學。真理是否是必須的，這個問題不僅需要事先已被肯定，而是必須在這個程度上被肯定，即原理、信仰、信念乃是在「沒有什麼比真理更為必要，相較於真理，其餘所有都僅具有次等的價值」這當中表現出來。

尼采，《快樂的科學》，第五書，344節，KSA 3，頁574-575，根據原文校譯。

從文本到論證──文本閱讀 3-1、3-2、3-3

透過閱讀這三篇文本，圍繞以下問題展開討論：我們能夠相信並同時認識同一個事物嗎？從文本與你自身文化中找出論據並加以舉例。

---

1 | 審定注：我們可以把廣義的相信當作信仰，因此一種堅定的相信，如信念，也可以稱之為信仰，這種信仰不見得是有神論的，不一定是宗教上信神的信仰。

2 | 研究人員為了研究定位而架構的形象或是敘述。例如：自然狀態對霍布斯與盧梭來說是一種有規律的虛構，使他們得以思考，如果人沒有活在社會之中會是什麼樣子，也就是假設他們是一種純然自然的存在。

進階問題思考

Q4：宗教是否帶來幸福的幻覺？ ▶ 見第二冊〈幸福〉

PASSERELLE

| 貝尼尼（Le Bernin），《聖泰瑞莎的神秘狂喜》（*Extase mystique de sainte Thérèse*），約1646年，位於羅馬的勝利聖母教堂。

1. 宗教允諾完美的幸福

　　各宗教都向人保證真正且完美的幸福（稱為至福或極樂）。這種幸福常常都是投射在未來的另一段生命。然而，這種永恆與如在天堂般的生命是否存在？想像此世以後的幸福，能成為此世人生的重點嗎？

　　對某些宗教來說，只需從現實的觀察來看：現世的人生在古猶太教看來是「一條充滿淚水的溪谷」；對基督宗教來說，現世是十字架之路（▶ 見文本閱讀4-1，138頁）；在佛教中，現世則充滿了只會增加痛苦的欲望。因此，想像至福如同上帝賜予天堂的獎賞（一神教）或如同融入大千世界的靈魂解放（佛教）似乎都是合理的。

2. 無神論者對允諾的批評

　　但對無神論的哲學家來說，宗教允諾完美幸福的設想是不牢靠的。它使得人屈從，而不會為了改變現下處境而奮鬥。這也就是馬克思所想的，宗教是顛倒價值的幻覺，因無力減輕當下生活的痛苦，而讓人想像一種未來的幸福生活。

文本閱讀 4-1

聖馬太

聖馬太 Saint Matthieu
?- 公元 74 年

幸福並不在容易的生活中

　　在《聖經》〈馬太福音〉這篇著名的文本中，耶穌向人群宣揚一種矛盾的幸福，一種可貫穿並超越痛苦與迫害的快樂。

> 心靈貧窮的人有福了，因為天國是他們的！
> 哀慟的人有福了，因為他們要得安慰！
> 溫和的人有福了，因為他們要繼承土地！
> 飢渴慕義的人有福了，因為他們要吃飽喝足！
> 慈悲的人有福了，因為他們要蒙憐憫！
> 心靈潔淨的人有福了，因為他們要看見上帝！
> 締造和平的人有福了，因為他們要被稱為上帝的兒女！
> 為正義受迫害的人有福了，因為天國是他們的！
> 幾時人為了我的緣故咒罵你們，迫害你們，又撒謊，又講壞話攻

擊你們，你們有福了！

你們歡欣雀躍吧！因為你們在天上的賞報是豐厚的；他們原來也這樣迫害過你們以前的先知。

《聖經》，〈馬太福音〉，第五章3-12節，四福音書共同譯本。

定義

幻覺是一種自發或是經過思考、我們無法輕易擺脫的虛假信念。

Q：這裡所提出對幸福的看法與理想相去甚遠。幸福似乎是深入人的存在中最痛苦的現實。我們在這裡能說這是幻覺嗎？

Q：動詞的時態，一下用現在式、一下是未來式，是為了精確表達完美幸福的時刻嗎？我們能否以宗教的視角，同時召喚現世與來世的幸福，在今日與永恆的未來？

至福是幻覺

文本閱讀 4-2

馬克思

卡爾·馬克思 Karl Marx
1818-1883

馬克思認為宗教是想像的撫慰，轉移了人對現實的意識以及改變現實的意志。因此宗教是異化與僵化的源頭。

「非宗教性的批判」的基礎是：人創造了宗教，而不是宗教創造了人。而且，宗教是人——這些人或者還沒有找到自己，或者已經重新喪失了自己——的自我意識和自我感覺。但是人，並不是抽象的、蹲據在世界之外的存在。人，這就是人的世界，就是國家、社會。這個國家、這個社會 [之所以] 產生了宗教，一個顛倒的世界意識，因為它們 [本身] 就是一個顛倒了的世界。宗教是這個世界的普遍理論，是它的百科全書式綱要、它的通俗邏輯、它的唯靈論[1]的榮譽問題、它的熱情之所在、是它的道德裁示、它的莊嚴隆重的補充、藉以「安慰和證成」世界的普遍理據。宗教是對人的本質之幻想的實現，因為人的本質不具有真正的實在性。對抗宗教的鬥爭，因此是間接對抗這個世界的鬥爭——那個以宗教為其精神薰香的世界。

宗教的苦難，一方面是對現實苦難的表達，一方面是對這種現實苦難的抗議。宗教是被壓迫生靈的嘆息，是無情世界的情感，一如它是「沒有精神」的社會制度精神。它是人民的鴉片。

對宗教——作為人民幻想的幸福——的揚棄，就是要求實現人民真實的幸福。要求放棄關於他們處境的幻想，就是要求放棄那個「需要幻想」的處境。批判宗教因此就是萌發於批判苦難塵世——宗教是苦難塵世的光暈。

「批判」[之所以] 摘除了覆蓋在鎖鏈上的那些想像的花朵，並不是要人就此套上這些不帶幻想、沒有慰藉的鎖鏈，而是要人拋卻鎖鏈，去摘取新鮮的花朵。對宗教的批判能打破人的幻覺，使人夠作為沒有幻想的人、愈趨理智的人，來思想、來行動、來形塑他的實在性，以致他能夠圍繞自己，圍繞自己實際的太陽來運動。宗教只是幻

1 | 唯靈論的想法之一是假設更高的實在是精神的秩序（上帝是某個精神），然而唯物論的觀點拒斥所有不是物物質的存在。

文化是讓人脫離本性還是實現本性？

想出來的太陽，只要人還不繞著自己運動，宗教就 [會一直] 繞著人而運動。

因此，歷史的任務就是：在彼岸世界的真理消失之後，去確立此岸世界的真理。哲學的任務（哲學是為歷史服務的）首先是：在揭穿「人的自我異化」[2] 的神聖形式之後，[繼續] 揭露人那些非神聖形式中的自我異化。這樣，對天國的批判就轉成了對塵世的批判、對宗教的批判就轉成了對法的批判、對神學的批判就轉成了對政治的批判。

馬克思，《黑格爾法哲學批判》〈導言〉，1843年。

2 | 馬克思這裡所指宗教幻覺可能是順從上帝之人的幻覺。

Q：馬克思難道不承認宗教的某些社會功用嗎？宗教的社會功能在哪裡？這種功用是否能夠證成宗教的合理性呢？

Q：馬克思寫道：「宗教是人民的鴉片。」鴉片這個意象所帶來（正面和負面）的評價為何？

Q：為什麼對馬克思而言，「對宗教的批判能打破人的幻覺」？

從文本到論證──文本閱讀4-1、4-2
從文本中，撰寫以下命題的正反論點：宗教是撫慰人心的，宗教賦予了存在意義。

繪畫	延伸思考

要看見才能相信？

「如果我沒看見……我不會相信」

義大利畫家卡拉瓦喬對〈約翰福音〉的第20章做了個人的解讀。在這一章中，耶穌基督的門徒多馬宣稱，只要他沒有看、沒有觸摸到，就不相信耶穌的復活。（「除非我親眼看見他手上的釘痕，並用我的指頭摸那釘痕，用我的手摸他的肋旁，我絕對不信。」）因此，他需要的是，奇蹟的實在證據。

| 卡拉瓦喬（Le Caravage），《聖多馬的懷疑》（*L'Incrédulité de saint Thomas*），1602年，油畫（107×146cm），收藏於德國波茨坦市無憂宮。

耶穌去神聖化的呈現

或者，卡拉瓦喬不是要強調神蹟；他將復活耶穌的現身以一種強烈的、真實的、戲劇性的光線畫出，與平常的神聖畫作呈現（帶著光暈、發光的身體與微微顯現的五傷）非常不同。耶穌基督是人物中的一位，他的傷痕和門徒的額頭被光線凸顯出來。身上的傷口與衣服的皺摺以相同手法處理。

被召喚要信（神）的觀看者

多馬的凝視被置於畫作中心，透過姿勢被延伸，引起觀看者的注意。卡拉瓦喬似乎是要透過他的畫作來呼籲，就像多馬對耶穌的要求，耶穌也對多馬同樣地要求：「不要疑惑，只要信。」也就是說，不要只從表面來看，還要超越表面去確定表面所隱藏的意涵。然而同時，手指的姿勢伸進傷口，表示更要透過實在的經驗，才能相信。

思考練習：介於神聖與世俗間的繪畫

1. 這是畫家所感興趣的宗教主題嗎？
2. 我們能說畫家讓這主題去神聖化嗎？為什麼？
3. 畫家的能力是否因此被加強？為什麼？

撰寫一篇綜合分析

從這個作品，透過你個人思考與舉例回答下列問題：
在信仰與知識之間，是否需要抉擇？

哲學練習

EXERCICES

練習1：掌握詞彙

1. 查字典找出如下詞彙的意思：
   a. 天啟（宗教的）—信仰主義
   b. 有神論—自然神論
   c. 不可知論—不信宗教—無神論

2. 人們是否可以將巴斯卡、盧梭或是佛洛伊德的思想與這些信仰流派連結起來？

練習1試答

1. a. 天啟（宗教的）—信仰主義

　　天啟是指神向人揭露自身，並透過人的智力或神聖經典而獲得。

　　信仰主義（拉丁文字根 fides，意指「信仰」），是將信仰置於其他所有知識原則之上的學說。

b. 有神論—自然神論

　　有神論與自然神論都是屬於自然宗教流派（與天啟式宗教相對）：前者是承認唯一的神作為創造的原因與慈愛的來源、道德善惡的存在，並期望天啟能表明出上帝的意圖；後者承認同樣的原則，卻拒絕接受天啟，並懷疑靈魂不朽。

c. 不可知論—不信宗教—無神論

　　不可知論是宣稱不知道上帝存在與否的態度。不信宗教是對上帝存在或宗教感到冷漠的無信仰態度。無神論是人宣稱神不存在的態度。

2. 巴斯卡屬於信仰主義，盧梭屬於自然神論，佛洛伊德是無神論者。

練習2：問題思考

　　有些宗教禁止神的形象化（猶太教、伊斯蘭教），有些則是允許的，甚至提出一些神聖的形象（天主教、東正教、印度教），還有些宗教則侷限於一種共同約定的形象化呈現（新教徒只有十字架）。

1. 從百科全書或是下列出處進行研究：
   ——猶太教：《聖經》〈出埃及記〉20章4節及32章1-10節的「金牛犢」。
   ——伊斯蘭教：《布哈里聖訓》77篇87節。
   ——天主教：《天主教教理書》，476及1159段及其後段落。

2. 請正反並陳對於神以及一般神聖事物形象化再現的論證。

練習3：理解文本 ▶ 見第二冊〈幸福〉

　　首先，我們會考慮到神是不朽且有福的生命體，再據此共同概念，就不會對祂的不朽、祂的至福，添加上與不朽或是至福不相合的想法；進而得以形構與祂有關，同時能保存至福與不朽相關的所有看法。因為諸神存在：事實上，我們對祂們的認知是清楚的。另一方面，如同眾人認為，祂們並不存在：實際上，眾人並不想保留諸神，這才是他們所認為的。不信神者並非那些想從眾人中取消神的人，而是那些將眾人的想法加諸於神的人。因為眾人對神的諸多斷言並非先天的觀念，而是基於許多錯誤的假定，從而衍生出最大的遺憾——對惡人的指控與美德都歸咎於神。

伊比鳩魯，《致美諾寇的信》，Jean-François Balaudé譯本，口袋書系列，191-192頁。

a. 理解文本

　　該文想要回應的是哪個問題？論題是關於單一神或是多神的存在，或是祂們自然本性的存在？為何人所形成的意見很重要？

b. 強調問題關鍵

　　——以好或壞的方式來呈現一神或多神，會有什麼樣的後果？

　　——這段關於神的文字涉及幸福的概念：至福（la félicité）。這個字的意義為何？對諸神的正確構思與人的幸福之間有什麼關聯？

　　用來指涉神的詞彙都是表達其特性的專門詞彙。這些詞彙有哪些？這些詞彙的意思為何？在此，似乎有必要從字典中查詢。為什麼這些詞彙也可以反過來用來思考人的本質呢？

練習解釋文本：分析並討論文本中綠色字的部分。

練習4：概念分析 ▶ 見第二冊〈幸福〉

　　研究伊斯蘭與佛教對幸福所提出的特別解釋是什麼。

　　伊斯蘭教：「將好消息帶給那些相信並做好事的人：他們會得到有溪流潺潺的花園。每次當他們有果子作為報酬，他們會說：『這就是我們從前所受到的賞賜』，因為祂將給予他們同樣的獎賞。在那裡（樂園），他們將擁有純潔的妻子，他們將永居在其中。」[1]

《古蘭經》，第二章，第25節，J. Berque譯本，Albin Michel，1955年，28-29頁。

1. 這段敘述是如何與另一段關於原初天堂的敘述相呼應？
2. 為何在此我們能夠用「真福」（béatitude）來形容這種幸福？

　　在藏傳佛教中，幸福與同情[慈悲或悲憫]的概念相連結。信徒追求的不是個人通向涅槃的捷徑，而是受召去展現對其他存在者的愛與關注。

> [1] 編注：這段是從原書法文直譯，中文的馬堅譯本為：你當向信道而行善的人報喜；他們將享有許多下臨諸河的樂園，每當他們得以園裡的一種水果為給養的時候，他們都說：「這是我們以前所受賜的。」其實，他們所受賜的是類似的。他們在樂園裡將享有純潔的配偶，他們將永居其中。

1. 何謂「同情」[慈悲或悲憫]？請將它與「憐憫」[可憐]做區別。
2. 這些佛教徒為什麼會以關心他人的幸福為樂？

練習5：影像分析

| 印度的村民參與一場神聖的儀典，1996年，攝於拉賈斯坦（Rajasthan）。

1. 為何雙手合十的手勢會與祈禱相連？還有其他代表著祈禱的手勢嗎？
2. 祈禱的意義為何？是對神的請求，還是在場的表示，或是代表 [與神的] 結合？可以在內心祈禱嗎（沒有手勢、沒有身體的動作，也沒有言語）？

練習6：理解文本

　　人們將在這本書讀到的總結就是——宗教是徹底社會性的事物。宗教所呈現的，表達了 [社會] 集體存在的集體呈現；儀式是許多的行為方式，只會發生在團體中，目的在於喚醒、維繫或是重建這些團體的某些精神狀態。但是，如果 [這些社會性] 範疇源自於宗教，這些範疇的共同本質也應該分別存在於宗教事實中：它們應該是、也就是社會的事物，是集體思想的產物。[…] 例如，當我們藉由抽象化的方式，試圖呈現關於時間的概念，如果不透過客觀的符號來劃分、度量、表達時間，不按照年、月、週、日、小時的順序，這幾乎是無法想像的。我們只能區分不同時刻來設想時間是什麼。亦或何者是這個區分的開始？[…] 這是一種抽象且非個人的範疇，不僅包含了我們個人的存在，也是全人類的存在。這如同一張無限圖表，一切時間都攤在心靈之前，一切可能的事件也都能夠在固定且確定的座標中找到對應位置。[…] 日、週、月、年等的劃分，對應著儀式、節慶、大眾慶典的週期。一份日曆代表了集體活動的節奏，同時也具有確保規律性的功能。

涂爾幹，《宗教生活的基本形式》，口袋書系列，1991年，52-53頁。

1. 指出人與時間之間的關係是建立在神聖（宗教節慶）與世俗（平常時日）之間的宗教性區別之上。舉例說明宗教在時間中的呈現。
2. 同樣的規則應用在空間上：宗教根據世俗與神聖的不同，從空間上安排了人們的生活。

練習7：分析論文的主題

　　以下是論文主題可能會出現的問題意識綱要：「我們透過什麼可以辨認出一種宗教行為？」

　　請試想一個更詳細的大綱。

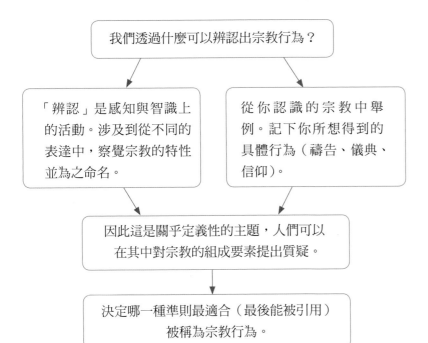

綜合整理

定義

宗教是信仰與集體儀式的整體，朝向某種甚至是具有神聖性的超自然。

提問 ── **Q1：人需要信仰嗎？**

提問 ── **Q2：人可以宣稱自己認識神嗎？**

癥結

問題明確指出一種自然與文化間的對立（可能是人為的對立）。如果人無法回到自然狀態，問題在於知道宗教是否能回應人類根植於自身及普遍性本質的需求。

癥結

這個提問引導我們思考宗教所包含的合理知識的部分，不論宗教是透過啟示或是自然的。知識的對象問題是不言自明的。透過宗教，人們不是更了解人而非上帝嗎？

答題方向

根據康德，人的理性自然會產生上帝的概念，並且將祂當作道德盼望的對象。
根據佛洛伊德，這個需求是心理與情感的，並且以一種病理表徵出現（個人與群體之間的類比）。
根據馬克思，宗教是對現實苦難的虛幻慰藉。

答題方向

根據巴斯卡，宗教是上帝在心中的啟示。
對盧梭而言，自然宗教對神的認識是祂內在的良善與上帝造化（自然）之美。

引述

「是用心靈感受上帝，不是理性。這就是所謂的信仰。心才能感受到上帝，而非理性。」（巴斯卡，《沉思錄》）
「我們對上帝最深刻的概念只源自於理性。」（盧梭，《愛彌兒》）

引述

「此一道德的世界主宰者的理念，是我們實踐理性的一項課題。」（康德，單純理性界限內的宗教》）
「宗教是人類所共有的一種強迫性的精神官能症。」（佛洛伊德，《一個幻覺的未來》）
「宗教是被壓迫生靈的嘆息，是無情世界的情感 […]。它是人民的鴉片。」（馬克思，《黑格爾法哲學批判》）

提問 ── **Q3：理性與信仰注定相互對立嗎？**

癥結

> 問題在於了解理性和信仰是否可以彼此協調或互補，或者只會引起無法避免的對抗。

答題方向

> 對阿奎那而言，理性與信仰是彼此互補的真理。

引述

> 「某些對於上帝的真理是超出人類理性所有的能力範圍。[…]。其他關於上帝的真理，卻反而能夠藉由自然理性來達到。」（阿奎那）

論文寫作練習：分析下列主題

■ 「人是宗教動物嗎？」（科學組，1997）
■ 「社會可以沒有宗教嗎？」（科學組，1994）
■ 「為何科學的進步沒有讓宗教消失？」（經濟社會組，1992）

6 | 歷史

Q1. 歷史是否有意義？
Q2. 誰創造歷史？
Q3. 歷史學家在什麼條件下可以做出判斷？
Q4. 歷史是建立在集體記憶之上嗎？
▶見第三冊〈主體哲學導論〉、〈存在與時間〉

重現過去，一場不可能的賭注

| 埃及農村的歷史重建圖。

專研中世紀與文藝復興時期的史學家帕提克・布舍宏（Patrick Boucheron），尋求重建李奧納多・達文西與馬基維利之間可能存在的交流。他避免自行杜撰，但是兩者之間往來所留下的痕跡微乎其微。

儘管如此，會面確實發生過。兩人的會面留下了一些痕跡，並在許多作品產生了許多呼應。我們能夠輕鬆地讓他們兩人對話，安排上演書中這些無聲的交談，緩解對話消失的遺憾。從歷史人物的後人們留給我們的碎屑中，用一些仿真的筆觸填補，在這裡或那裡以動人的細節來重建一些手勢與姿勢，賦予這齣皮影戲一點生命力，是多麼誘人的嘗試[...]。

小說[手法]，為什麼不呢？為什麼要用戲劇[的方式呢]？這或許就是歷史學家與歷史作家的區別。當他們發現錯失了一場會晤，後者即趁隙而入，把握機會代替主角演戲；前者則更謹慎，也或許只是因為膽量較小而總是退一步，試著了解為什麼會晤沒有發生。由於事情總帶著點神秘，發生過了什麼事情而不是沒有，而他沉著地探問著這份靜默。

布舍宏，《李奧納多與馬基維利》，2008年，Verdier出版社，18-19頁。

一般看法	思考之後
歷史學家讓歷史在我們眼前重現	**倒不如說歷史學家是讓我們理解過去**
人們認為歷史學家透過他的書寫，能夠重現過去，全面性地復原其貌。當人們讀到一段歷史敘事，會希望重現那個時代的事件，並且充滿生動的細節。人們會想像著，過去對我們是可以還原並且接近的，就如同我們與過去是活在同一個時代。	如果說小說的作者以想像力填滿文獻所留下的空白，歷史學家就比較謹慎。他致力於事實的求證。帕提克・布舍宏試著讓讀者進入兩位義大利大人物之間交流的作品、文獻與留下的痕跡。在他的敘事中，他明確指出我們所知道的以及我們不了解的，指出往來交流之處以及[主觀]詮釋的假設。讀者因此被帶入對事實的理解，並面臨到歷史重建工作的限制。

歷史企圖以忠實的方式展現過去。但它所提出的，是對一段空白的過去，進行追溯式的重建。

從定義尋找問題意識

定義

> 歷史是人類所經歷事件的整體，同時也是透過調查的方式去重建這些事實。

人類所經歷事件的整體

　　人類歷史的定義，來自接連的事件及其造成的改變。哲學所說的歷史的生成流變（devenir historique），讓人同時想到那些即便人們不願但仍然會發生的事件（例如：地震），以及他們要負責的事件（例如：攻擊、戰爭）。

透過調查的方式去重建這些事實

　　據古希臘文，「historia」表示一種調查。找尋能夠還原事實的一切線索，以便賦予它們意義。為了了解歷史，僅有無次序的事實累積，或只根據一段年表是不夠的，還必須對事實進行揀選並重建因果關聯。例如：必須透過啟蒙時代的哲學影響、第三階級的慘境、三級會議的組成等多種原因與交織糾結的結果來理解法國大革命。

> 「征服者寫歷史，並決定他的系譜。」
> ——恩斯特・榮格（Ernst Junger），
> 《勞動者》

定義提出什麼問題？

　　歷史是事件過去之後，才寫出來的。現在或過去都很複雜，難以勾勒輪廓，甚至難以掌握。▶ Q1：歷史是否有意義？

　　為了從歷史中找出意義，必須關涉到歷史中的行動者，否則，人們可能以為歷史的意義與行動者脫離，歷史的行動者不知道他們在創造什麼樣的歷史。▶ Q2：誰創造歷史？

　　一般對歷史的看法，就是為這個或那個人物找出行動的理由。由於歷史不應該簡化為只是征服者的敘事，因此歷史學家是在事情發生後，為了理解每個角色而對他們進行評估調查。▶ Q3：歷史學家在什麼條件下可以做出判斷？

問題思考

———— + ————

COURS

Q1：歷史是否有意義？

思考歷史的意義表示要去辨識「意義」一詞的多義性。歷史的意義要說的既是人類行動所朝向的目標，也是行動者所賦予歷史的意義。這個探問又回到人類以及一般群眾對命運深層的焦慮感：我們為何行動？我們會在歷史留下什麼痕跡？

1. 進步可以是歷史的意義本身

根據啟蒙時代的想法，歷史所追求的意義，就是人類的普遍進步。進步是道德、科學與技術上的進步，也同時是藝術或政治制度上的進步（▶見文本閱讀1-1，153頁）。個人有時難以對進步下判斷，因為個人是出現在一個比他生命更長久的格局，並讓未來世代倍加受益。根據康德，有時進步超出我們所能控制，但是我們必須努力做，因為這是我們的責任。自然計畫的實現取決於人類的行動，大自然沒有具有意向性的期待，但它提供了意義的視野，讓歷史學家去填滿並從中找出歷史的主軸。人類接著要了解歷史，並相信在這個進步之中對歷史帶來刺激。

2. 但進步的意識形態是可被批評的

某些文明以進步之名自認優於其他文明。例如：殖民的其中一個理由就是要將進步帶給所謂的落後民族。其他進步的意識形態則小覷了科學與技術進步所造成的後果。例如：人們不斷合理化核能的使用，而不顧其明顯的疑慮。

這種進步的意識形態飽受批判，並被認為是有爭議甚至是危險的。這也是當班雅明在想像歷史與其方向時，意識到進步是人們拿來證成不斷累加的戰爭與毀滅的理由。（▶見文本閱讀1-2，154頁）。

3. 只關注現在會讓歷史意義變得不確定

進步的構想引導著人類的思想與行動，朝向充滿希望的未來。例如：馬克思主義構思著最終狀態的社會，在其中個體之間的平等將可實現，而且是個再也沒有階級也沒有國家的社會。然而，近幾十年下來，當人們幾乎只關切現在，這將會發生什麼事呢？歷史又因而有何種意義呢？（▶見文本閱讀1-3，154頁）。歷史學家阿多格（François Hartog）指出，這種幾乎只關切現在的「現在主義」（présentisme），遮蔽了未來歷史的意義。

定義

意義（sens）這個字指的是方向定位，同時也指重要性。

定義

進步（progrès）表示人類在改善其生存條件上的總體進展。

關鍵字區分

原則（principe）／後果（consequence）

進步如同原則，要遵循使人類文明發展這個理想，看來似乎沒有問題。但是如果進步是相對的，尤其成為達成目的的手段，就可能具有毀滅性，應該要由所造成的後果（實質的結果）來檢視它。

Q2：誰創造歷史？

人類面對自身歷史的不安與他自認無法完全掌控各個事件有關。人不是唯一能負起自身命運的人，而且他也無法強行做他想做的。但除了人之外，還有誰可以是歷史的行動者？是上帝？是大自然？還是事件背後看不見、人也無法掌握的某種理性呢？

1. 人類製造歷史卻不知道他創造出什麼樣的歷史

　　我們可以觀察到如下的矛盾：歷史行動者在行動的當下，他不一定真的知道其行動的結果，也不知道他個人的重要性。就拿羅莎·帕克斯（Rosa Parks）來說，且不論她的政治參與，她渾然不知在公車上拒絕讓位給一位白人乘客，會觸發美國黑人爭取公民權的運動。在這個意義上，達成的目的遠超過一開始的原因。黑格爾認為，人類的歷史充滿了不可預見的結果，尤其當他們意識到自身的動機時，他們無法察覺到推動他們的更大的歷史目的。他將這歷史中所隱藏的意義稱為「理性的詭計」（La ruse de la raison）（▶見文本閱讀 2-1，155頁）。

2. 人是他們歷史的行動者

　　儘管人不是總能意識到他所製造的歷史，但他在事件的過程中，能越來越意識到所需負起的責任。根據馬克思與恩格斯，幫助受壓迫的階級使他們越來越有自我意識，讓他們在歷史中行動，這正是歷史的政治構想（conception politique de l'histoire）之關鍵（▶見文本閱讀 2-2，156頁）。人因此是其歷史的行動者。

3. 但作為敘述者的歷史學家，是他創造了歷史

　　歷史的行動者往往缺乏理解事情發生的必要距離。歷史學家則擁有這個必要的距離來評論誰創造了歷史。鄂蘭認為，為了回答[誰創造了歷史]這個問題，必須回到歷史學家的身上。歷史學家的確間接地創造了歷史（因為身為敘事者，他只是敘述），但他形塑歷史的做法是根據行動者在行動中的重要性來指出誰是真正的行動者（▶見文本閱讀 2-3，157頁）。

關鍵字區分

原因（cause）／目的（fin）

原因是指引發各種效應的客觀事實（在這裡，一個小小的事情：羅莎·帕克斯在公車上拒絕將她的座位讓給一位白人，因此違反了種族隔離法）。目的指向一個同時是主觀與客觀的既定目標：權利的平等，反對所有的種族歧視。

1 | 審定注：Jugement 在法文有判斷、判決、評判、評論、意見等不同意思，此處根據上下文，分別譯為認識上的「判斷」、法官的「判決」，或是歷史學家的「論斷」。

定義

判斷（Juger），是使用理性，以便找出概念或事實之間的關聯，也同時是為了區別（例如：原因與效應），這也是價值評判。

「直到今日，所有社會的歷史都是階級鬥爭的歷史。」（馬克思與恩格斯，《共產黨宣言》）

文化是讓人脫離本性還是實現本性？

Q3：歷史學家在什麼條件下可以做出判斷[1]？

人們尤其期待歷史學家能建立事實，以協助了解事實間的連結。但是，歷史學家並不是中立的個體，在他的方法論與敘事中，他會隱約透露出主觀的評價。他能夠依據什麼樣的標準來判斷呢？

1. 必須與歷史各個主要行動者保持同樣距離

假使歷史學家想要做好判斷的工作（例如：區分敵人、將責任歸給某一行動者），他必須毫不偏頗地公平判斷。這表示不能聽從他的喜好與癖好，也不能坦護某個歷史人物。因此弗朗索瓦・芬乃倫（François Fénelon）要求好的歷史學家在評論時保持中立態度，卻又要敢於評論、頌揚，或反過來做出譴責（▶見文本閱讀3-1，158頁）。

2. 不過應該要先理解才能夠做出判斷

以道德來評論歷史人物，使歷史學家好像變成了仲裁者，彷彿他自己本身在這些事件之外。然而，即使保持距離，歷史學家依舊涉入了他所研究的過去。例如：在研究古希臘的歷史時，人們試圖比較它與我們的民主模式。歷史學家馬克・布洛克（Marc Bloch）認為歷史學家所做的道德判斷是危險的，因為這會妨礙我們在他們的脈絡下對人物與事實的理解（▶見文本閱讀3-2，159頁）。

3. 歷史學家的判斷不是法官的判決

將法官的工作與歷史學家的工作拿來比較是有其相關性的：兩者都進行調查、尋求事實、尋求公正性，也因此必須提防他們的主觀。不過這個比較也有其侷限：法官面對的是社會，並有提告者與被告在場，歷史學家則經常是在歷史角色缺席的情況下活動，而且每個歷史學家各自都會提出性質不同的判斷（▶見文本閱讀3-3，160頁）。

Q1：歷史是否有意義？

西方文化歷經過許多 [不同] 歷史意義的傳統：許多一神論因而傳遞著，歷史是由上帝所引導且朝向時間終結的形象。啟蒙時代思想家又加諸了某種歷史概念，認為歷史是由人類文明的普遍進步所形成。然而這個樂觀的看法卻與二十世紀的災難（世界大戰、種族屠殺等）產生衝撞，因而飽受質疑。

哲人看法

TEXTES

歷史是朝向人類的普遍進步發展

文本閱讀 1-1

康德

依曼努爾・康德 Emmanuel Kant
1724-1804

　　對康德而言，大自然打算透過人類來實現其物種的進步條件，而人類並不知道自己在實現這一自然的意圖。這樣該如何把握普遍歷史下不同事件的 [發展] 主軸呢？

　　想要按照「世界進程如果應當符合某些理性目的，便必然會如何運行」的理念 (Idée) 來撰寫一部歷史 [1]，這是一件令人詫異、看似荒謬的計畫，而這樣的意圖似乎只能寫出一部小說。然而，如果我們可以假設，甚至在人類自由的活動中，自然也不是沒有計畫和沒有終極目標地在運行著，那麼，這樣的理念就可能變得有用。同時，儘管我們的目光過於短淺，無法看出自然策劃的神秘機制，這個理念卻可以作為我們的線索，至少在大體上，將人類漫無計畫的活動，集合展示為一系統 [2]。因為如果我們從希臘歷史——其他一切更古老或同時代的歷史都是透過這段歷史被保留給我們，至少必須經由它得到確證——開始，如果我們把希臘歷史對併吞希臘城邦 [3] 的羅馬民族的國家政治體制的形成和變形所產出的影響，以及羅馬民族對於轉而消滅他們自己的蠻族所產生的影響，一直追溯到我們這個時代，此時，其他民族的國家歷史（關於它們的知識正是通過那些已經啟蒙的國家逐漸傳遞給我們的），就會像插曲般被添加進來，那麼，我們將會在我們所在的大陸上（它日後或許會為其他所有大陸立法），發現憲政改革有一個有規律的進程。

康德，《世界公民觀點下的普遍歷史理念》，1784年，
第九命題，AA Band VIII, S. 29，根據原文校譯。

Q：請解釋歷史學家寫的為何不是一本小說。

Q：康德為何要將事件的集合（簡單的相加）與將它們作為系統來理解（根據某種邏輯而組織）對立起來？

關鍵字區分

獨特的（singulier）／特殊的（particulier）／一般的（général）／普遍的（universel）

普遍的歷史涉及所有人類的命運，而不同於某一民族的特殊歷史或某一生命的獨特性。

關鍵字區分

理想（idéal）／現實（réel）

歷史的理想該是一種精神的參照，得以重建接續事件的邏輯。多虧有它，我們得到了一條規則能夠在現實事件的混亂中，導引歷史的理解能力。

1｜對康德而言，歷史是透過大自然的計畫推動，只能透過人類的行動來實現。它不是根據事先固定下來的形式，而是透過理性與自由發展而生成。

2｜成為完全一致且具有結構性的整體，其各部分都是獨立的。人類的歷史也因此有了意義。

3｜古希臘誕生了西方世界第一批歷史學者，希羅多德（Hérodote）與修昔底德（Thucydide），他們提供了古代歷史的文獻研究。被羅馬併吞後，希臘城邦先後在羅馬共和與帝國時期廣泛傳播它們的文化。

班雅明

華特・班雅明 Walter Benjamin
1892-1940

進步的意識形態合理化了最糟的狀態

這篇文本以一種令人訝異的方式來呈現歷史的進步，如同在廢墟之上捲起的一場歷史（以天使作為呈現）風暴。

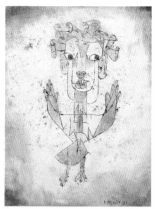

| 保羅・克利（Paul Klee），《新天使》（*Angelus Novus*），1920年，複合媒材（32.2×24.2cm），收藏於以色列美術館，耶路撒冷。

克利（Paul Klee）有一幅畫作《新天使》（*Angelus Novus*），畫面呈現的是一位天使，他似乎正在遠離所凝視的某一點。天使瞪大雙眼，張著嘴，展開雙翅。這應該就像是歷史的天使。他的臉望向過去。望向過去那一連串顯現於我們眼前的事件，他只看到唯一的一種災難，一座座廢墟不斷堆積，全數拋棄在他腳下。他想要停下腳步，喚醒死者，將支離破碎的事物復位。但從天堂吹來的風暴攫住了他的翅膀，強烈得使他無法收攏雙翅。這陣風暴讓他無從抵抗，將他推向所背對的未來。而在他面前，成堆的廢墟一直堆疊到天際。這場風暴就是我們所稱的進步。

班雅明，《歷史哲學論綱》，1940年，M. de Gandillac 譯本，
「Folio essai」系列，Gallimard 出版，434頁。

Q：在這篇文本中，天使是歷史的譬喻。他看著過去，同時被吸入看不見的未來。請試著解釋這個形象。

Q：累積的廢墟象徵著進步的意識形態所造成的毀壞。為什麼人類對進步的信仰可能會有危險？

阿多格

弗朗索瓦・阿多格 François Hartog
1946-

現在主義使未來的意義變得不明確

歷史學者弗朗索瓦・阿多格質疑歐洲人的意識已經從對未來進步的信心，轉為對現在絕對的關注，也就是所謂的「現在主義」。

「管他什麼未來」（oublier le futur）這一標語，或許是60年代[1]極度封閉在現在當中所產生的貢獻。革命的、進步的與未來主義式[2]的烏托邦啊！不管在他們的原則中，多麼緬懷過去的與喜愛回顧的（革命的街壘戰與抵抗運動），從今以後，沒有一個能忽略現在的視野範圍來運作：「石板路下，是沙灘」、「要一切，馬上就要！」1968年在巴黎牆頭上的宣告。在寫出「不要未來」不久前，難道就有更多革命的現在了嗎[3]？實際上，在70年代，接踵而來的是幻想破滅或幻想的終結、革命概念的解體、1974年的經濟危機、大量失業人口無可避免的攀升、以連帶互助與明天會更好等概念建立起的福利國家發展困難，而獲得的回應是或多或少的失望或憤世嫉俗，一切在抱怨現在，只有現在。沒有什麼其他以外。[…]

這波日益膨脹、畸形發展的「現在」逐漸入侵在視野中，很顯

1｜從60年代尋歡作樂與消費主義的角度來看。

2｜未來主義指是二十世紀初的不同潮流（尤其是義大利與俄國），相信科學與技術的加速進步，並強調都會生活的價值、機械化、速度。

3｜革命運動鼓動著此時此刻的社會鬥爭。

然，消費社會的快速擴張與更多對需求的滿足是主要驅動力，在這個社會中，科技創新且快速尋求利潤，越來越快對過時的物與人產生衝擊。[…]這一時期也與歐洲社會進入大量失業的時間一致。對失業的人來說，時間一天天過，沒有任何計畫的可能，是一種沒有未來的時間。[…]失業大大促成了封閉在現在之中也促成了現在主義，這次是沉重且絕望的。

阿多格，《歷史性運作機制——現在主義與時間經驗》，1986年，
「Points」系列，Seuil出版社，155-157頁。

從文本到論證——文本閱讀 1-1、1-2、1-3
閱讀這些文本並根據你的個人思考，試著找出贊同以及反對這個概念的論據：「人類歷史缺乏意義。」在一個欄位中寫下「贊同」的論據，另一個欄位中寫下「反對」的論據。確認你對每一個回答都能提出理由，同時明確定義所提出的概念，並就每個論據舉出一個例子。

Q2：誰創造歷史？

我們當然可以相對化看待人的主動作為（歷史可能受到大自然計畫所推動，受到暗中運行的神的意志所驅使，或是超越人類的力量所驅動），但我們不能否定人的責任：人類是其自身歷史的主要行動者。

人類創造歷史卻不知道自己創造了什麼樣的歷史

文本閱讀 2-1

黑格爾

費德利希・黑格爾
Georg Wilhelm Friedrich Hegel
1770-1831

　　在這篇著名的文本中，黑格爾敘述著有種理性詭計的原則，引導著人類行動：那些認為他們是依據自身利益而行動的人，其實也是因為圍繞著他們且超越他們的整體利益而行動，這整體利益構成了歷史所隱藏的意義。

　　為了追尋和滿足屬於自己的東西，個人和民族所展現的行動活力，就達到另一個更高且更遠大的東西而言，他們的活力同時是手段與工具，儘管他們對此毫無所悉，並且無意識地完成了它。這個更高和更遠大者，本身就是可被討論的問題，它也的確被人當成疑問，而且以很多不同方式加以否定，把對它的討論，斥責及輕蔑地視為如同做夢或哲學玄想。不過，從一開始，我就已表明自己的看法，同時指出我們的前提（雖然要等探討到最後，才會得出這個前提），以及我們對此前提的信念，那就是相信：理性[1]支配世界，而且理性確已支

---

1 | 理性，內在於歷史事實中的行動原則，並根據某種目的：自由，安排著歷史事實。

文化是讓人脫離本性還是實現本性？

關鍵字區分

間接（médiat）／直接（immédiat）

直接指的是歷史行動者即刻想到與想做的（例如：凱撒希望再當選執政官）。藉此區分，我們可以說理性在歷史中，透過人的間接行為，間接產生影響，使得他們能夠完成某些更遠大的長期計畫（例如：凱撒最後建立了帝國）。

2｜精神，從普遍歷史的角度來看，指向某一個透過各種歷史事件，逐漸自我實現的理念，並逐漸地意識到自身。這個理念，就是自由，隨著每個歷史時刻，前進著。

3｜在內戰中，凱撒要弄他的盟友，帶著他的軍隊進入義大利，贏得了底定未來羅馬帝國輪廓的諸多戰鬥。

配了過去的世界史。相對於這個「在己和為己」（an und für sich）的普遍及實質存在者（das Allgemeine und Substantielle，指理性），其他一切都是附屬的，都是服務於它的工具。[...]

然而，看世界史的歷程本身——在我們視為向前發展的歷史進程中，歷史的純粹及終極目的，精神[2]的概念，還未成為人類需求和利益的內容，而由於所有需求和利益，皆在對歷史的目的毫無意識的情況之下展開，這個普遍的存在者（das Allgemeine，指理性）將在各種個別的目的之中，透過這些目的來實現自身。[…] 在世界史中，還有另一種情況，那就是經由人們的行動，在其計畫和實現的目標之外，竟出現其他結果，而這些並不是他們直接知悉或想要的。他們在實現自己的利益時，同時帶出了另一個利益，雖然這也算屬於他們的利益，但卻不在他們的意識或意圖之中。[…] 當古羅馬帝國的疆土被政敵的權力支配時，凱撒[3]為了保住自己的地位、榮譽、安全，將這些政敵打敗，而凱撒的勝利，同時使他征服了整個帝國：他因此就在未更動國家憲法形式的情況下，成為羅馬帝國的唯一統治者。

黑格爾，《歷史哲學》第二章第二節（List der Vernunft），1822-1830年，根據原文校譯。

Q：黑格爾一開始就區分了民族或個人利益（例如：在巴士底監獄奪取武器）與這些民族或個人所執行的更遠大計畫（例如：革命或是人權宣言）之間的區別。從這個區分來看，請說明為何「理性」主導了事件的走向？

Q：凱撒的例子闡述了個人計畫（強化他的政治地位）與更高的集體計畫（建立帝國）。請找出其他類似的例子。

文本閱讀 2-2

馬克思

卡爾·馬克思 Karl Marx
1818-1883

確實是人創造歷史

馬克思與恩格斯抨擊布魯諾·鮑威爾（Bruno Bauer）的想法。根據鮑威爾，有一種精神在歷史中運作著，並製造出個人化的歷史，這也因此去除了人類責任。

歷史不創造什麼，它並未「擁有無盡的財富」，它「並未發動鬥爭」！應該是人類，是真實且活著的人，造成了這一切，是人擁有財富並發動鬥爭。這絕非「歷史」將人作為手段以實現並達成——彷彿歷史是局外人——他們自身的目的；反過來說，歷史除了是人追求自身目的的活動之外，其餘什麼也不是。

馬克思與恩格斯，《神聖家族》，1845年，「七星文庫」，1982年，526頁。

馬克思與恩格斯的歷史唯物論

對馬克思與恩格斯來說，歷史是由人根據物質生活的需求所創造的。這是他們歷史唯物論構想的源頭。歷史首要的挑戰是生存，人類行動的動力將會是生產工具的擁有。擁有生產工具的人將位居統治他人的位置。一種階級鬥爭將會展開，成為歷史的原動力。歷史因此藉由被統治者對統治者辯證式翻轉而前進：工業革命確定了資本家的布爾喬亞階級的統治，歷史的下一步將會是無產階級革命。注意：在歷史唯物論中，歷史不再是描述性，而是有未來展望且介入的（必須預先設想要帶領的鬥爭）。

是敘事者（說故事的人）看見並創造（製造）歷史

文本閱讀 2-3

鄂蘭

漢娜・鄂蘭 Hannah Arendt
1906-1975

漢娜・鄂蘭對政治行動者的定義，是其行動無論是暗中或公開，都是事後才能被理解的。一個行動具有歷史性是當歷史學家能夠顯示並評估出這個行動的一切結果。也是因此歷史家的敘事創造了歷史（故事）。

麻煩的是，不管後續的故事的特性和內容是什麼，不管是在私人或公共生活裡面上演，不管涉及的行動者是多是少，只有到了故事的結局，它的意義才會自我開顯。對於製造而言，據以判斷製成品的觀點，是工匠預想的形象或模型，相反的，藉以解釋行動的過程乃至於歷史的歷程的觀點，則只會在它們的結局裡出現，往往是蓋棺論定的。只有說故事的人才能看到全部的行動，也是就歷史學家的回顧，他的確比參與者更能洞悉全局。行動者自己的所有解釋，就算在少數的情況下，他們關於意圖、目標和動機方面的說法可信度很高，也只是歷史學家手上實用的材料而已，在重要性和可信度方面，從來都沒有辦法和史家自己的故事媲美。說故事的人的敘事必定是行動者自己看不到的，因為他在行動當中，而且深陷在它的種種影響裡，因為對他而言，他的行為的意義不在後來的故事裡。即使故事是行動的不可避免的結局，然而看到故事並「製造」故事的，不是行動者，而是說故事的人。

漢娜・鄂蘭，《人的條件》（1958）第五章，第26節〈人類事務的脆弱性〉，281頁，根據林宏濤譯本。

Q：為什麼根據漢娜・鄂蘭，歷史一向都同時是真實的，也是被敘述的？

Q：為什麼敘事者（說故事的人）看待歷史會比它的行動者來得清楚？

> **從文本到論證──文本閱讀2-1、2-2、2-3**
> 閱讀這三個文本並根據你的個人思考，試著找出贊同及反對下列概念的論據：
> ── 歷史是由偉大的人（英雄、領袖等）來創造。
> ── 歷史會重複發生。
> 在一欄位中寫下「贊同」的論據，另一欄位中寫下「反對」的論據。確認你對每個回答都能提出理由，同時明確定義所呈現的概念，並就每個論據舉出一個例子。

關鍵字區分

主觀（subjectif）／客觀（objectif）

對事實的理解消化與排序，應盡可能客觀，也就是要符合歷史事實。但歷史學家在投身研究時，會根據選擇及特定方法來構思諸多事件的意義，再以個人方式寫出。就是這些地方呈現出他的主觀。

Q3：歷史學家在什麼條件下可以做出判斷？

我們常說「歷史自有公評」，這表示人們會根據過往行動在未來所形成的後果，知道這些過往行動的意義與價值。時間會評定贏家與輸家。時間也能夠讓在現在看來似乎重要的事物變得相對。但必須要由果溯因地來研讀這些事件，並且從它們的複雜性來理解它們。判斷因此回到歷史學者身上。後者以追求客觀性為目的，但他們仍然是主觀的解釋者。那如何根據科學的標準來下判斷呢？

文本閱讀3-1

芬乃倫

弗朗索瓦·芬乃倫
François de Salignac de La
Monte-Fénelon
1651-1715

歷史學家應該要對歷史主角保持相同距離

　　一位好的歷史學家，既沒有所屬的時代也沒有國家。無論他多愛他的祖國，他也絕不會以無中生有的方式去吹捧。法國歷史學家必須讓自己在法國與英國之間保持中立：他應該要樂於讚揚塔博特如同杜·蓋克蘭[1]；他會對威爾斯王子軍事才能與查理五世[2]的智慧給予同等公道評斷。

　　他同時也會避免頌文與諷刺文[3]：他不恭維也不惡毒，僅僅說出什麼是好、什麼是壞，就值得被相信。他不會遺漏任何能夠用來描繪主要人物的事實，以及能夠用來發現諸多事件的眾多原因。但他會刪除一個學者所有想要賣弄學問的冗長發揮。他所有的評論僅止於質疑該懷疑的事物，並在提出歷史給予他的訊息後，將判斷留給讀者。

芬乃倫，〈致法蘭西學院的信──第八篇〉，《歷史論草稿》，1714年，
Droz出版，1970年，107-108頁。

[1] 死於1453年卡斯蒂隆（Castillon）戰爭的約翰·塔博特（John Talbot）與貝特朗·杜·蓋克蘭（Bertrand Du Guesclin）是兩位在英法百年戰爭（1337-1453）中互相對抗的騎士。前者是英格蘭人，後者是法國人，也是讓英格蘭人從諾曼第離開的主要人物。

[2] 愛德華，人稱黑王子，是英格蘭王愛德華三世的兒子。查理五世是英法百年戰爭時的法國國王。

[3] 頌文（panégyrique）是官方的讚揚，可能變得誇大及矯揉造作。諷刺文是用來批評某個人的文章。

Q：芬乃倫堅持一位好的歷史學家要維持中立；你還能提出「中立」
的其他同義詞嗎？中立的判斷是可能的嗎？

Q：好的歷史學家必須要讚揚（或譴責），但不能（如頌文或諷刺文般
的）過度。相同地，不應該遺漏任何有用的事實，但應該要避免
過度賣弄學問。請解釋這個折衷 (juste milieu) 定位的理由？

Q：在今天，人們可以簡單地說歷史學者應該要對好壞作出判斷嗎？

歷史學家首先必須了解才能判斷

文本閱讀3-2

布洛克

馬克·布洛克 Marc Bloch
1886-1944

　　歷史學者馬克·布洛克強調，歷史學家的判斷既不是法官的判
斷也不是學者的判斷，而是介於兩者之間，而且絕對要服從於理解
的方法——方法對歷史而言是關鍵。

　　然而長久以來，歷史學家把自己當成某種地獄審
判官，負責為死去的英雄發配讚揚或指責。我們應該相
信，這種態度呼應的是根深柢固的本能 […]。這更是巴
斯卡說的：「每個人在評斷時都在扮演上帝的角色：這
是好，或這是壞。」人們忘記了一個價值判斷只有在一
項行動和意義的準備時才有其存在的理由；只在相較於
一個真正能被接受的道德參照系統，才有其意義。日常
生活中，行為舉止的需要，迫使我們被貼上通常相當化
約的標籤。在那我們無能為力之處、在那被共同接受的
理想與我們的理想完全不同之處，這個標籤就變成了一
種尷尬。[鑒於] 在我們祖先的部族中，區別了 [所謂] 義
人與該下地獄的人，難道我們還能夠如此相信我們自己
與我們的時代嗎？將一個個體、一個政黨或一個世代完
全相對的標準提升到絕對，這跟用蘇拉 (Sylla) [1] 統治羅馬
的方式或黎胥留時代統治天主教王國的方式來強加規範
於這些相對的標準之上，會是何等笑話！此外，從本質
上來說，順服於集體意識的一切波動，或個人恣意的判
決，沒有什麼比這來得更不穩定的了，歷史常過度地讓英雄榜優先
於經驗手冊，讓人平白地覺得歷史是最不確定的學科；空泛的指控，
隨之而來的是許多徒勞的平反：羅伯斯庇爾主義者、反羅伯斯庇爾主
義者，我們求你們好心點：行行好，只要告訴我們，羅伯斯庇爾 [2] 是
誰啊？

| 斷頭台上的羅伯斯庇爾，貝斯
（Beys）畫作，1799年。

1 | 蘇拉（Sylla）是將軍，後來是羅馬的
獨裁者，黎胥留（Richelieu）是紅衣
主教也是法國政治人物。

2 | 投入法國大革命的法國政治人物，屬
於法國大革命時期的山岳派，也是恐
怖統治時期的始作俑者之一

馬克·布洛克，《史家的技藝》，第四章，1949年，
Armand Colin，2010, 125頁。

文化是讓人脫離本性還是實現本性？

Q：為何作出判斷的歷史學家會錯誤地認定自己是「地獄的審判者」？

Q：根據作者，現在與過去相比是否具有明顯的優勢能夠對過去下判斷？

Q：為何作者拒絕評論羅伯斯庇爾是個「廉吏」或「暴君」？

文本閱讀 3-3

呂格爾

保羅・呂格爾 Paul Ricœur
1913-2005

歷史學家的判斷不是法官的判決

保羅・呂格爾在這篇文本中指出法官與歷史學家工作上的某些根本差異。

那麼，法官與歷史學家工作的衝突在哪裡呢？我們剛才看到，在法庭中的判決宣讀的諸多條件，在歷史學家面對錯誤與不正義的共同陣線上，開了一個破口。法官必須要下判斷──這是他的職責。他要下定論。他必須做決斷。他要在被告與受害者之間裁量出一個公道的距離 […]。這一切歷史學家都不會做，不能做，不想要做；如果他打算去做，冒著獨自充當歷史法庭，代價則是要坦承做出了一個不可靠的判斷，而他了解到其偏頗甚至好戰性。但當他大膽的判斷被提出受歷史同行與見多識廣的公眾所批評時，他的作品開放為無限重新審視的過程，讓歷史變成無止盡的重寫[1]。這個對重寫的開放性成為暫時歷史評論與最終司法判決之間的差別。

呂格爾，〈第三章：歷史的條件〉，《記憶、歷史、遺忘》，
「Points」系列，Seuil 出版社，2000 年，420-421 頁。

1｜當歷史學家以不同方式解釋一個事件，他給這個事件提出了新的敘事（重寫），重新審視先前的判斷。這完全和否定主義無關，否定主義在於對已建立事實的否定。

理解命題的論據──文本閱讀 3-3

命題：歷史的評斷無法與法官判決的明確表達相比擬。

論據一：對呂格爾來說，法官與歷史學家的差異，來自於他們與涉入事件者之間的關係。法官讓被告與受害者同在一場訴訟中出庭受審，以便聽取他們的證詞。歷史學家有辦法這樣做嗎？

論據二：法官如同歷史學家，必須要確認事情的真相。你如何區隔司法調查與歷史考察間的差異，尤其是要以做出評斷為目標。

論據三：法官的判斷是確定的，歷史學家的判斷則是片面的，有待補充、重新評估甚至是重寫的。為什麼？

Q4：歷史是建立在集體記憶之上嗎？

▶第三冊〈主體哲學導論〉、〈存在與時間〉

1. 集體記憶的旨趣

記憶，以書寫或是仍然活著（見證）的形式存在，都屬於歷史學家必須參考的部分文獻。他對那些分享並傳遞共同回憶的人感興趣，從而建立起對同一事件的集體記憶。但這個集體記憶有時是不完全的，有時則受到利用成為國家官方歷史的工具。

2. 歷史無法被簡化為集體記憶

歷史學家不僅不能不考慮到集體記憶，還必須依賴它。不過，這種記憶如何進而成為歷史敘事呢？集體記憶必須對已消亡者的證詞進行交叉核對，之後才依此建立起來。這表示歷史學家是在鮮明記憶不復存在的情況下進行他的工作，這就是莫里斯・阿伯瓦赫（Maurice Halbwachs）所設想的（▶見文本閱讀4-1，161頁）。

3. 歷史學家要對集體記憶進行一種批判的工作

集體記憶本身不是中立或客觀的。例如：從某個族群的記憶角度，書寫阿爾及利亞戰爭，會出現斷章取義的觀點。

歷史學家也應該檢視他所涉及的是哪一種記憶。呂格爾特別指出了被禁止與痛苦的記憶。（例如：被要求噤聲的阿爾及利亞派遣隊士兵（▶見文本閱讀4-2，162頁），但也有被操弄的（例如：一次世界大戰後納粹體制下德國人民被操弄的記憶）或被迫的記憶（▶見文本閱讀4-3，163頁）。

| 羅斯托波維奇（Mstislav Rostropovitch）在柏林圍牆，當時的邊境「查理檢查哨」上演奏巴哈的作品，1989年11月12日。

歷史無法被簡化為集體記憶

文本閱讀4-1

阿伯瓦赫

莫里斯・阿伯瓦赫
Maurice Halbwachs
1877-1945

在這篇文本中，阿伯瓦赫似乎為歷史學家對其所研究時期所帶有的外部性（extériorité）做辯護。從這個意義來說，證人無法因為他的親身經歷而成為歷史學家。

一般而言，只有在傳統結束、社會記憶消失或解構的時刻，歷史才開始。只要記憶仍在，透過書寫固定下來是沒有用的，遑論要純粹且簡單地記錄下來。書寫一段時期、一個社會，甚至是一個人的歷史

的需求，也只是表示它（他）們已經在已經遙遠的過去，讓我們有機會在周遭找到保有一些記憶的見證人。當一連串事件的記憶不再是一個群體的支柱，[⋯] 唯一能夠挽救如此記憶的方式，就是將透過一連串敘事書寫（une narration suivie）將它們固定下來，因為，當言語與思想消亡時，書寫還會存留下來。為了讓記憶能夠存在，如果必要條件是回憶的主體，是個人或團體，覺得要回溯到某個持續運動的回憶，既然閱讀這段歷史的社會和在過去事件發生相關群體的見證或行動者有一個連續性的斷裂，歷史如何會是一種記憶？

阿伯瓦赫，《集體記憶》，1950年（身後出版），PUF出版社，1997年，130-131頁。

Q：為何當記憶逐漸消失時，需要更確切地來書寫歷史？

Q：活著的證人現身是否反而會成為歷史學家的障礙，而不是幫助？

Q：請解釋為什麼儘管見證者的證詞片面又不牢靠，仍是無可取代的文獻資料。

文本閱讀4-2

呂格爾

保羅・呂格爾 Paul Ricœur
1913-2005

歷史學家要對集體記憶進行批判的工作

呂格爾受到精神分析對被禁止的記憶（主體對受創事件的壓抑、否認等）的研究所啟發，他自問人們是否無法說出受苦的集體記憶？對於這方面，歷史學家該採取什麼樣的態度？

| 1961年10月，法國對阿爾及利亞抗議的鎮壓。

對我們目的而言，更重要的是，看待集體記憶，要在它所對應的層面上找到與精神分析有關的病理學情況。[⋯] 人們能訴說 [⋯] 集體的創傷、集體記憶的傷痕。失去的對象（l'objet perdu）的概念在「失去」（pertes）上找到直接的應用，也影響到建構國家實體的權力、領土、居民。哀傷的舉止從痛苦的表現開始蔓延，直到與失去的對象之間[1]和解，卻突然間透過人民聚集的大型喪禮儀式被表現出來。

呂格爾，《記憶、歷史、遺忘》，2000年，「Points」系列，Seuil出版社，95頁。

Q：哀悼的心理過程是很細微的，必須要憶起才能解脫，而在憶起時，失落的痛苦感會重現。這個過程是否與在國家的哀悼儀式中的相同呢？

Q：我們是否能夠想像一種療癒的過程，或是一個民族與其傷亡記憶和解過程？它會以什麼方式進行？

1 | 在他的心理建設中，個體必須接受理想的客體（那能滿足他的欲望的）完全地消失了。真實的葬禮經歷重新啟動了這種失落的感受。

是什麼正當化了記憶的義務？

在這篇文本中，呂格爾看出記憶的責任（例如：德國與其納粹的過去）是要小心使用的敏感觀念。他試著從正義的概念來探問記憶的義務這個觀念的適切性。

答案的第一要素：必須先提醒的是，在所有美德中，正義的獨特之處與其建構的目的，是朝向他人的美德。[⋯]記憶的職責是透過紀念，讓不同於自我的他人獲得公道。

答案的第二要素：[⋯]某方面我們的存在是受惠於我們的前人。記憶的職責義務不僅止於保存有形的、文字或其他遺跡、以及過去的行動，而是讓我們[⋯]對於現已不在但曾經存在的他人，保有感激的情感。我們可以說是償還債務，但也是將所承繼的遺產交付盤點。

答案的第三要素：在我們所虧欠的那些他人中，道德上的優先性（une priorité morale）是屬於受害者的。

呂格爾，《記憶、歷史、遺忘》，2000年，「Points」系列，Seuil出版社，108頁。

Q：「透過紀念來獲得公道」，是要記得集體歷史上最晦暗的時刻。這也是償還對受害者的債務。請說明這句話。

Q：對作者而言，「償還債務」是認識到人們對過往世代的虧欠。我們是否能夠區分所承繼的好與壞？

從文本到論證──文本閱讀 4-1、4-2、4-3
從上述文本提出的論據，寫出這個主題的大綱：「假使我們忘卻過去，是否能夠理解現在？」

延伸思考

——+——

OUVERTURE

歷史學者在戰犯的大型訴訟中扮演何種角色？

| 帕朋在被告審判台上的庭訊草圖，1997年10月14日，波爾多法院。

文本：莫里斯・帕朋（Maurice Papon）的訴訟案

　　幾場透過媒體轉播的第二次世界大戰戰犯審判，造就了司法的新樣貌：邀請歷史學者作為專家見證，並以他們的知識為擔保，來協助司法判決。尤其是莫里斯・帕朋的訴訟案（1997-1998）。

帕朋的訴訟案有什麼作用？

　　它（訴訟）讓受難者獲得正義，而從這個角度來看，毫無疑問地，有這場審判會是一件好事。它尤其使得反人道罪行的概念，以正向的意義被「普及」、「確立」：它為法學者、法官、律師建立起一個判例，讓他們知道該如何發動並預審這樣的審判。我認為帕朋的審判對未來比對於歷史或記憶來得有用。在歷史層面上，我不認為它對年輕人會產生重大的教育作用。透過它並無法更了解納粹占領法國時期的維琪政府。相反的，它還強化了一種越來越普遍的觀念，低估了占領者的角色：審判中沒有傳喚任何一位德國人來作證，這讓人感覺納粹占領者在這事件中扮演著次要角色。我們已經漏掉了占領者的影響。審判以非常嚴謹的思考進行，但人們尤其是在進行一場對法國的某種審判，去解決法國與它過去之間的問題 [⋯]。

　　人們也以為審判將會為我所謂的「維琪症候群」劃下句點，但情況並非如此。隔天起，人們開始提出補償的問題，現在所提出的新的

一些控訴，是建立在完全忘卻了占領時期的時空背景之下的，例如那些對法國國家鐵路局（SNCF）的控訴。這些行為的增加可能造成記憶上新的偏移的危險。就這意義上，法國或許還沒有擺脫這些醜惡的年代。

應該要重啟新頁嗎？

維琪政府的責任對在法國的最終解決方案的施行是具決定性的，但這些犯罪不能忘記這個政權無法代表整個法國，有少數行動者是拒絕這個意識形態以及這個政治活動。身為公民與歷史學者，我有強烈的信念，認為法國共和國要為維琪政府負責的想法，不再具有道德正當性。帕朋審判其中一個主要的影響是，使得法國今日成為戰後六十年在補償與承認（錯誤）政策上走的最遠的歐洲國家之一。正是基於這一點，人們在攤開歷史書本的同時，能夠重啟司法新頁。

| 克勞斯·巴比審判的第一天，〈里昂的劊子手〉，1987年5月11日。

亨利·胡梭（Henry Rousso）訪談，《維琪時代：一段未了的過去》作者，1994年，刊於2007年2月19日《解放報》，安涅特·列維─衛拉（Annette Levy-Willard）採訪。

檔案：克勞斯·巴比（Klaus Barbie）的訴訟案

克勞斯·巴比是二戰德國占領法國時期在里昂蓋世太保某部門的長官，他在戰後逃到南美洲。他最終被人發現，然後在1983年被驅逐出玻利維亞，1987年在隆河省的重罪法庭受到審判。

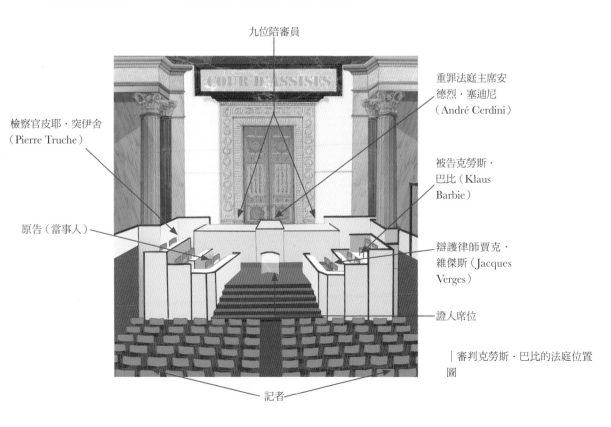

九位陪審員

重罪法庭主席安德烈·塞迪尼（André Cerdini）

檢察官皮耶·突伊舍（Pierre Truche）

被告克勞斯·巴比（Klaus Barbie）

原告（當事人）

辯護律師賈克·維傑斯（Jacques Verges）

證人席位

| 審判克勞斯·巴比的法庭位置圖

記者

介入或避免介入

　　歷史學家科學性的研究方式，難以順應重罪法庭的要求。反對這一類型介入的人，會提出如下理由來反駁：語言上的介入（無法讀出他的音調）會造成問題，歷史學者無法掌握介入的時間，他必須要接受問答所指定的形式（是／否的二元回答），他無法 [即時] 取得審判卷宗。相反地，另有一些歷史學者因為對被告時代事實的認識而成為該時代專家，於是冒著介入的風險：例如勒內・雷蒙（René Rémond）或羅伯特・帕克斯頓（Robert Paxton）。召喚歷史學者這麼做的理由是，與事件的距離使得歷史學者的調查工作更有價值，甚至是必要的。這回應了對記憶的真實與責任的社會需求。

練習：記憶、歷史與正義

1. 根據芬乃倫（▶見文本閱讀 3-1，158 頁）、布洛克（▶見文本閱讀 3-2，159 頁）以及呂格爾（▶見文本閱讀 3-3，160 頁）文本中談及對歷史學者下判斷的條件，我們如何評價這些贊成或反對歷史學者在大型審判中介入的論證？
2. 為何帕朋的審判對司法層面上比較有益？而不是對歷史或是記憶層面有益？
3. 最後的回應讓人認為審判能夠履行記憶的義務，卻限制了法國國家現在的責任。你如何理解這種弔詭？
4. 克勞斯・巴比、保羅・杜維耶（Paul Touvier）以及莫里斯・帕朋：歷史學者受邀介入這三場對於戰犯的審判。請蒐集資料了解這些歷史學家他們是什麼人。

撰寫一篇綜合論證的文字

　　透過上述文本的協助，寫一段論證文字來回答下述問題：歷史學者能夠協助法官嗎？

電影

人們可以重寫歷史嗎？

影片：昆汀．塔倫提諾的《惡棍特工》（2009）

情節

二次大戰期間，法國一位年輕猶太人修珊娜．德雷福斯目睹家人被處決，最後一刻她逃離了蓋世太保漢斯．蘭達（Hans Landa）上校的魔掌。她逃到巴黎，從此隱姓埋名經營一家電影院，也是故事發生的主要地點。

由艾多．雷恩率領的美國猶太游擊隊進入了法國，為了「割納粹的頭皮」。他們將捲入一場對付德國宣傳部部長戈貝爾，甚至希特勒本人的密謀。他們將在修珊娜的戲院中引爆炸彈，清算納粹的野蠻行徑。

|昆汀．塔倫提諾《惡棍特工》的電影海報，2009。

一段單純的架空歷史敘事

|《惡棍特工》電影劇照。

「架空歷史敘事」一詞（字面意義是「非時間」）是一種文類，截取一個歷史交會點，用想像的方式重寫後續。塔倫提諾的電影就是受到這個理論所啟發。電影開頭：「從前，在被納粹所占領的法國」，這句話點出了這是一段歷史中的故事，但是受到改編的。這個故事是根據納粹受害者會比較滿意的結局而改寫。

處理歷史的模糊態度

　　即便導演的才華與塔倫提諾的電影對白編劇，得到評論家的致敬，他們卻對他使用歷史的方法有所保留：世界大戰似乎以「義大利式西部片」的語彙（割頭皮與虐待、錯位的笑話、戲劇性的音樂）在簡單背景下呈現。尤其以猶太人物角色（修珊娜以及片名的「惡棍」）從個人面向負起了復仇的責任，如此遠離了大批猶太人在集中營關押、處決的真實背景。

哲學練習：與事實相反的虛構？

1. 歷史小說應該要忠於事實嗎？在什麼樣的條件下？
2. 把武器交在受難者手上，以此來改寫歷史是否有意義？這樣能還給他們尊嚴嗎？
3. 我們是否能嘲笑歷史？

撰寫一篇綜合論證

　　我們如何區分歷史的事實與虛構？指出塔倫提諾如何運用想像（猶太人的復仇、宣傳的影片、諷刺地模仿希特勒）來重寫歷史。這改變了歷史的何種意義？

練習1：掌握詞彙

1. 事件的概念：何為歷史事件的特性？為什麼我們能說它「劃時代」？
2. 時代的概念：如何定義之？
3. 史前與歷史：什麼讓人想到從一段歷史過渡到另一段歷史？
4. 掌握關鍵字：本質（essentiel）／偶然或偶有（accidentel）。本質是完全只屬於某個事件並可以讓人去理解的；偶然是次要的，不重要的細節。假如我們拿2008年開始的全球金融危機作例子，舉出本質的因素與其他偶然的因素。

練習1試答

1. 一個事件是一件值得注意的事情，人們將它作為年代的標記。例如：1789年7月14日（法國大革命，攻占巴士底監獄事件）。
2. 一個時代按照年代上精確的轉折所劃定的一段時期（例如：文藝復興時代的開始，就是1453年君士坦丁堡的陷落與英法百年戰爭的終結日），在這段期間，社會、政治與經濟組織，或多或少以穩定的方式逐漸被建立起來。
3. 我們將文字出現作為歷史的開端，因為這開啟了新的集體記憶形式，使得人類對文明的認知更容易。在史前，只有考古的遺跡如圖畫、墓地等。

練習2：掌握詞彙 ▶ 見第三冊〈主體哲學導論〉、〈存在與時間〉

a. 個人與集體記憶

——個人記憶：請找出記憶（mémoriser，例如一篇文章）與回想（se remémorer，例如一個事件）之間的不同。思考這兩者的區別意義何在？

——集體記憶：在歷史上，紀念活動、事件慶祝與承擔記憶責任的歷史有何不同？請各舉一例。

b. 記憶的機制

——記憶是否如同我們腦中一張儲存著資料的記憶卡？

——身體是否也會有記憶？請舉一例。

——即便沒有察覺，某些回憶是否也會出現在我們身上？

c. 討論集體記憶在歷史上的角色

——歷史學家皮耶‧諾哈（Pierre Nora）指出，我們更需要為不再共同記得的事物創造「記憶所繫之處」。[1] 如何解釋這弔詭現象？

集體記憶可能是受到傷害的、被操弄的、被遮蔽的，也因此成

[1] 編注：參見皮耶‧諾哈，《記憶所繫之處》，戴麗娟譯，行人出版社，2012年。

為歷史追尋的阻礙：請就每個形容詞各舉一例，並說明為何這對歷史學家會是問題。

練習2 試答

記憶（mémoriser）的前提是需要載體作為依據（例如一篇文本）。回想（se remémorer）則是要讓事物重現的內在努力。這種外在記憶與內在記憶的區分，能夠同時確定記憶的類型（心靈如何形成記憶？），以及深處的記憶（如果一種記憶能自動回到我腦海中，它可能是更根深柢固的）。紀念（commémorer），根據詞源，是集體共同努力去回憶的。我們能夠紀念一件令人歡欣的事件（如法國的解放）或一個悲劇事件（如格拉納河畔奧拉杜爾屠殺），事件意義不同、價值也不同。慶祝可能牽涉到節慶日的紀念儀式。而當國家決定不再讓過去的錯誤發生，就會行使記憶義務的要求（Le devoir de mémoire）。

練習3：理解文本

因此，我可以假設，既然人類在作為其自然目的的文化方面，不斷持續向前推進，則這種的推進同樣包含在人類存在[1]的道德目的的完善進步中。這種推進雖然時而被打斷，但絕不會斷絕。我沒有必要證明這項預設，其反對者才必需證明，因為我所依據的是我的天生義務：在繁衍系列中每個成員──我（作為一般人）也身處此系列中，我在我被要求具備的道德特質方面，卻不像我應該同時也能夠具備的那樣好──都會如此影響後代，使之持續變得更好（也因此，必須假設這件事的可能性），並且使得這項義務從能夠依據法權，從繁衍系列的一個成員傳承到另一個成員。[2]而今，儘管歷史中許多的疑慮可用來質疑我的這些希望，如果這些疑慮真的有所依據，將會促使我放棄這件表面上看來是徒勞的工作。然而，在此疑慮尚未完全被確定前，我就不能把這項義務（作為明確之事）替換成「不做不可行之事」[3]（作為不明確之事[4]，因為它是純然的假說）的明智原則。即便我對於「在人類那裡是否能夠期望更好的完善」總是也依然還是如此不確定，這些都不損及這項格律，也無損它在實踐方面的必要預設，即：此事是可行的。

康德，〈論俗語：這在理論上可能是正確的，但不適用於實踐〉，1793年，
AA Band VIII, S. 308f.，根據原文校譯。

[1] 進步透過人類的創造發明而體現在文化上（藝術、科學、技術），也展現在人類的道德提升之上。
[2] 康德認為每個人會為了未來的世代，而自發地體認到具有改善世界的責任。
[3] 確保進步的責任要去對抗一般善意的忠告，這個忠告謹慎的提點不該做徒勞無功的事。
[4] 明確之事，Liquidum；不明確之事，Illiquidum。

Q：康德隱約見到文化的持續進步，以及道德進展的斷斷續續。如何理解這雙重狀況？為何進步是不可逆的過程（我們無法倒退回從前）？

Q：每個人都該為自己身處系譜中的人類文明進步負責。請解釋這個看法。你同意嗎？

Q：為何要相信進步？什麼能夠證成「我們有義務去期望一個更好的未來」？

練習4：理解文本 ▶ 見第三冊〈主體哲學導論〉、〈存在與時間〉

　　一個人最內在的本性擁有越強大的根基，他將越能學得掌握過去或被迫適應過去；設想一種最有力量與最非比尋常的本性，這樣的本性將會認識到對它而言，完全不存在一種歷史意義的限度，歷史意義在此限度中[對於這個本性]可以恣意地與損害性地起作用；這樣的本性會將過去所有的一切，不論是自己的或陌生的，引向自己、收攝於自身，就像轉換成自己的骨血一樣。它所不能馴服的事物，它知道要去遺忘；此不能馴服的事物將不再存在，視域被封閉並且完整，沒有任何東西可以使這個本性想起在此視域之外還有人、激情、學說、目的的存在。這是一個最普遍的法則：每個有機體都只能在一種視域之內成為健康的、強壯的以及豐盛的。

尼采，《不合時宜的考察》第二冊：〈論歷史對於生活的利與弊〉1
（KSA 1, 251頁），根據原文校譯。

Q：為什麼尼采認為知道如何記起與知道如何遺忘中有一股生命力？如何理解這概念？為什麼這可以適用在群體上？

Q：請區分否認、原諒及特赦，與純粹、簡單的遺忘之間的差別。這些[區分的]類別，與個人或與群體更加有關。為什麼？

練習5：概念分析

1. 進步的意識形態：進步的觀念先天上說來是在各領域開展的：科學、藝術、道德、政治制度、國家間的關係。有哪些歷史事實指出進步能體現在某種層面，而非其他？

2. 對這種意識形態的批判：許多的批判都抨擊歷史上這種進步的看法，尤其是它與世界其他地方相比，相當集中在歐洲人侵犯他人而產生的優越感之上。你的看法呢？

3. 倒退的可能性：與進步相對的詞常常是墮落或衰退。這些字詞的意涵為何？是誰在使用這些字詞？為什麼？

練習6：作品分析

　　這幅圖反映出畫家藉由媒體所直接經歷的一個歷史事件。

1. 你能根據圖片與標題指認出是什麼事件嗎？
2. 是什麼讓我們能夠認為這是一個事件？

| 傑哈・李希特，《九月》，2005
年，油畫（52.1×71.8 cm），紐
約現代藝術博物館。

練習7：題目分析

題目：人們透過什麼來辨認出一個事件是歷史事件？

從題目開始延伸：「人們」指的是？經歷事件的所有人、事後考察
的歷史學家、人民，還是三者皆是？

找尋隱含的意義：人們常常有直接經歷，或透過媒體而經歷歷史情
境之感。這感覺是建立在什麼之上？這感覺可能會讓我們產生錯覺
嗎？事實上，在時事的熱頭上，我們缺乏保持必要距離，來掌握事
件的意義。

明確表達思路：這個題目要我們強調事件的評判標準，並逐步來討
論它們。將下列標準進行分類，試想你會將它們歸入那個部分：屬
於過往的一部分、使歷史學家感興趣、確立一個時代的起點、造成
許多後果、解釋一個轉捩點。

綜合整理

定義

> 歷史是人類所經歷事件的整體，同時也是透過調查的方式去重建這些事實。

提問 — **Q1：歷史是否有意義？**

癥結

歷史提了一個關於意義的問題：它很複雜，它掩蓋了一些糾結的利益，而且讓事件的主軸難以顯現。

答題方向

對康德而言，歷史的意義不是表現在事件的程度或個人層面，而是人類文明的整體上。它的名字是進步。

班雅明認為，會得出歷史是持續進步的意義，是對歷史事實缺乏真正的掌握。

引述

「人類，他天生的目標，在文化上是持續進步的，我們也可以設想對於他存在的道德目的也是朝向善的進步。」（康德，《理論與實踐》）

提問 — **Q2：誰創造歷史？**

癥結

要為歷史事件負責的是人，還是其他造就歷史的力量？

答題方向

對黑格爾而言，人創造歷史，卻不知道自己創造了什麼樣的歷史。

根據馬克思與恩格斯，是人在創造歷史，並應該要發展出他對政治責任的意識。

引述

「為了追尋和滿足屬於自己的東西，個人和民族所展現的行動活力，就達到另一個更高且更遠大的東西而言，他們的活力同時是一種手段與工具，儘管他們對此毫無所悉，並且無意識地完成了它。」（黑格爾，《歷史中的理性》）

「歷史不創造什麼，它並未『擁有無盡的財富』，它『並未發動鬥爭』！應該是人類，是真實且活著的人，造成了這一切。」（馬克思與恩格斯，《神聖家族》）

提問 —— **Q3：在什麼條件下，歷史學家可以做出判斷？**

癥結

歷史學家是否能接近中立、客觀與公正（從科學或公道的角度）的條件。

答題方向

對芬乃倫而言，歷史學家的評論應該要力求公正。

引述

「一位好的歷史學家，沒有所屬的時代，也沒有國家。」（芬乃倫，《歷史論草稿》）

論文寫作練習：針對下述主題擬定論述綱要

- ■ 「歷史學家的職責是否為做出判斷？」（經濟社會組，2010）
- ■ 「政治行動應該要受到歷史的認識所引導嗎？」（經濟社會組，2005）
- ■ 「我們對現在的認識比對過去來得多嗎？」（人文組，2002）

譯名表
人名

中文	法文

1-5 劃

中文	法文
大野耐一	Taiichi Ono
卡拉瓦喬	Le Caravage
卡茲米爾·馬列維奇	Kazimir Malevitch
卡斯巴·弗列德利赫	Gaspard David Friedrich
卡賀耶	M. Carrel
卡爾·馬克思	Karl Marx
卡爾·馮·弗里希	Karl von Frisch
史蒂芬·洛耶	Stéphane Lauer
尼可拉·波瓦洛	Nicolas Boileau
尼可拉·普桑	Nicolas Poussin
尼爾森·古德曼	Nelson Goodman
布萊茲·巴斯卡	Blaise Pascal
布魯諾·鮑威爾	Bruno Bauer
弗朗索瓦·芬乃倫	François Fénelon
弗朗索瓦·阿多格	François Hartog
弗朗索瓦·楚浮	Francois Truffaut
皮耶·布爾迪厄	Pierre Bourdieu
皮耶·突伊舍	Pierre Truche
皮耶·夏宏	Pierre Charon
皮耶·雷諾德	Pierre Renaudel
皮耶·諾哈	Pierre Nora

6-10 劃

中文	法文
伊凡·胡夫尤勒	Ivan Roufiol
伊比鳩魯	Épicure
伊塔醫生	docteur Itard
伏爾坎	Vulcain
伏爾泰	Voltaire
吉勒·德勒茲	Gilles Deleuze
多馬斯·阿奎那	Thomas d'Aquin
安迪·沃荷	Andy Warhol
安涅特·列維－衛拉	Annette Levy-Willard
安德烈·馬樂侯	André Malraux
安德烈·塞迪尼	André Cerdini
安德烈·德蘭	André Derain
米歇爾·萊里斯	Michel Leiris
米歇爾·德·蒙田	Michel de Montaigne
米爾奇亞·伊利亞德	Mircea Eliade
艾多·雷恩	Aldo Raine

艾利克・魏爾	Éric Weil
艾德蒙・戈布洛	Edmond Goblot
艾德賽・福特	Edsel Ford
西格蒙德・佛洛伊德	Sigmund Freud
亨利・胡梭	Henry Rousso
伯特蘭・羅素	Bertrand Russell
佛列茲・朗	Fritz Lang
克里斯多福・德諸	Christophe Dejours
克洛德・海然熱	Claude Hagège
克勞斯・巴比	Klaus Barbie
克勞德・李維─史陀	Claude Lévi-Strauss
呂西安・馬勒松	Lucien Malson
呂西安・塞弗	Lucien Sève
希格佛里德・克拉考爾	Siegfried Kracauer
希羅多德	Hérodote
李奧納多・達文西	Léonard de Vinci
沃夫岡・弗茲	Wolfgang Volz
狄奧多・阿多諾	Theodor W. Adorno
貝尼尼	Le Bernin
貝拉明樞機主教	Cardinal Bellarmin
貝特朗・杜・蓋克蘭	Bertrand Du Guesclin
里斯托與賈娜─克勞德	Christo et Jeanne-Claude
亞瑟・丹托	Arthur Danto
亞當・斯密	Adam Smith
依曼努爾・康德	Emmanuel Kant
尚・巴蒂斯・夏丹	Jean-Baptiste Chardin
尚・杜布菲	Jean Dubuffet
尚─雅克・盧梭	Jean-Jacques Rousseau
尚・饒勒斯	Jean Jaurès
帕提克・布舍宏	Patrick Boucheron
拉伯雷	Francois Rabelais
昂希・柏格森	Henri Bergson
昆汀・塔倫提諾	Quentin Tarantino
法比安・帕斯祖	Fabienne Pascaud
法迪	Freder
法蘭西斯・培根	Francis Bacon
法蘭茲・安東・梅斯梅爾	Franz Anton Mesmer
法蘭茲・鮑亞士	Franz Boas
阿爾希比亞德	Alcibiade
阿蘭（埃米爾・沙提爾）	Émile Chartier, dit Alain
保羅・艾呂雅	Paul Éluard
保羅・克利	Paul Klee
保羅・呂格爾	Paul Ricœur

保羅・杜維耶	Paul Touvier
保羅・塞尚	Paul Cézanne
威廉・瓦倫提耶	William Valentiner
柏拉圖	Platon
約瑟夫・弗勒希	Joseph Fleury
約翰・彌爾	John Stuart Mill
約翰・菲德森	Johhan Fredersen
約翰・塔博特	John Talbot
約翰・奧斯丁	John Langshaw Austin
耶羅尼米斯・波希	Jérôme Bosch
英諾森十世	Innocent X
迪亞哥・里維拉	Diego Rivera
迪耶戈・維拉斯奎茲	Diego Vélasquez
修昔底德	Thucydide
修珊娜・德雷福斯	Shosanna Dreyfus
埃米爾・班維尼斯特	Émile Benveniste
恩斯特・榮格	Ernst Junger
泰奧菲爾・哥堤耶	Théophile Gautier
涂爾幹	Émile Durkheim
納西瑟斯	Narcisse
馬丁・海德格	Martin Heidegger
馬內	Manet
馬克・布洛克	Marc Bloch
馬克・羅斯科	Mark Rothko
馬凌諾斯基	Malinowski
高爾吉亞	Gorgias

11-15 劃

勒內・雷蒙	René Rémond
強納生・巴瑞	Jonathan Barry
曼・雷	Man Ray
理查・漢彌爾頓	Richard Hamilton
第歐根尼	Diogène
荷內・笛卡兒	René Descartes
莫里斯・帕朋	Maurice Papon
莫里斯・阿伯瓦赫	Maurice Halbwachs
莫里斯・梅洛-龐蒂	Maurice Merleau-Ponty
莫瑞吉奧・卡特蘭	Maurizio Cattelan
蛋頭人	Humpty Dumpty
傑夫・昆斯	Jeff Koons
傑克森・波洛克	Jackson Pollock
傑哈・李希特	Gerhard Richter
喬托	Giotto

作品

地名

專有名詞

技術手段	les procédés techniques
技術活動	L'activité technique
沙皮爾—沃爾夫假說	hypothèse Sapir-Whorf
言說	paroles
身體藝術	body art
事件	événements
宗教人	l'homo religiosus
所指	signifié
拉娜計畫	Lana Project
泛靈論	animisme
波洛洛族	bororo
直覺的	intuitif
空閒	otium
肯認	reconnaissance
表現	performances
表象	representations
阿侉族	Achuar
指稱性	dénotative
施為性表述	énoncés performatifs
架空歷史敘事	d'uchronie
紀念	commémorer
原生藝術	L'art brut
原理	principe
格拉納河畔奧拉杜爾屠殺	le massacre d'Oradour-sur-Glane
泰勒主義	taylorisme
真福	béatitude
能指	signifiant
記憶	mémoriser
退隱	la retraite

11-15 劃

推論的	discursif
淨化	catharsis
現在主義	présentisme
現成物藝術	l'art trouvé
理性的詭計	la ruse de la raison
野孩子	l'enfant sauvage
陳述	expression
創作	poiésis
勞動分工	division du travail
勞動與技術	le travail et la technique
提升	erhebt / imprime une valeur
普普藝術	pop art

殖民意識形態	l'idéologie coloniale
無法言喻	ineffable
結果	conséquence
超越的	transcendant
意向性自然事物	d'une nature dotée d'intentionnalité
概念藝術	l'art dit conceptuel
話語／話	langues
道德上的優先性	une priorité morale
圖騰論	totémisme
實踐	praxis
滌淨	purgation
福祉	bien-être
福特主義	fordisme
種族中心主義	ethnocentrisme
種族主義	racisme
管他什麼未來	oublier le futur
精神	Geist / l'esprit
精神的舒緩	Nachlassung des Geistes / délassement pour l'esprit
精緻講究	aux raffinements
精簡	émonde
製造	fabrication
語言	language
語言決定論	déterminisme linguistique
語言系統	systèmes linguistiques
語言相對論	relativisme linguistique
說話	parole
齊特琴	Cithare
確認性	constative
賣牛奶的人	La Laitière

16 劃以上

機遇	happening
歷史的生成流變	devenir historiqu
歷史的政治構想	conception politique de l'histoire
環氧聚氨酯	époxy sur polyuréthane
環境藝術	l'art dit environnemental
豐田主義	toyotisme
羅伯斯庇爾主義者	Robespierristes
藝術普及化	démocratiser l'art
類比論	analogisme
靈光	aura

觀念藝術　　　　　　　　　　art conceptuel
觀察性表述　　　　　　　　　　énoncés constatifs

圖片版權來源

p. 1 : Heritage Images/Leemage ; p. 2 : The Bridgeman Art Library/© Man Ray Trust/Adagp, Paris 2013 ; p. 11 : Keystone-France/Gamma-Rapho ; © Stuart Franklin/Magnum Photos ; p. 12 : Bildarchiv Pisarek/AKG-Images ; p. 14 : Prod DB © Films du Carrosse/DR ; p. 16 : A. Isaacson/The New York Times-REDUX-REA ; p. 24 : The Bridgeman Art Library ; p. 29 : M.-L. Branger/Roger-Viollet ; p. 35 : aaa production/Jacques Rouxel ; p. 38 : © Kat ; p. 41 : Coll. Dagli Orti/Musée du Louvre Paris/Gianni Dagli Orti ; p. 42 : O. Hodasava/Ciel et Espace Photos ; p. 47 : Prod Red Box Films. Passion Pictures. BBC Films ; p. 48 : © Pétillon 2013 – René Pétillon : L'Intégrale corse, Les Arènes, 2009 ; p. 52 : Photo : Axel Schneider. Courtesy, Maurizio Cattelan's Archive ; p. 57 : Aisa/Leemage ; p. 58 : Electa/Leemage ; p. 60 : AKG-Images/© The Andy Warhol Foundation for the Visual Art, Inc/Adagp, Paris 2013 ; p. 62 : Electa/Leemage ; p. 63 : Electa/Leemage ; p. 65 : © Digital image, Museum of Modern Art, New-York/Scala, Florence/© Adagp, Paris 2013 ; The Fine Art Society, London UK/The Bridgeman Art Library/© Adagp, Paris 2013 ; Collection Artedia/ Gropius Walter/Artedia/Leemage/©Adagp, Paris 2013 ; p. 66 : Photo Josse/Leemage ; p. 68 : G. Lopez/ Camerapress/Gamma ; p. 69 : J. Raible/AKG-Images/© Adagp, Paris 2013 ; p. 71 : Aisa/Leemage ; p. 72 : FineArtImages/Leemage/© Adagp, Paris 2013 ; p. 73 : Christie's Images/The Bridgeman Art Library/©1998 Kate Rothko Prizel & Christopher Rothko/ Adagp, Paris 2013 ; p. 77 : M. Urtado/RMN-Grand Palais (musée du Louvre) ; p. 78 : Photo Josse/Leemage ; p. 79 : Luisa Ricciarini/Leemage ; p. 82 : Costa/Leemage ; AKG-Images/The estate of Francis Bacon/All rights reserved/© Adagp, Paris 2013 ; p. 83 : Photo Laurent Lecat/© Jeff Koons ; p. 85 : © Jeff Koons ; p. 86 : AKG-Images ; p. 89 : Photo Josse/ Leemage ; Erich Lessing/AKG-Images ; p. 90 : © Wolfgang Volz/Laif/REA ; p. 94 : P. Malecki/Panos-REA ; p. 102 : W. J. Warren/Science Faction/Corbis ; p. 104 : Sacramento Bee/ZUMA/REA ; p. 107 : Mary Evans/Rue des Archives ; p. 108 : Superstock/Leemage/© Adagp, Paris 2013 ; p. 112 : Prod DB © UFA/DR ; p. 118 : E. Flakensteen/The Granger collection/Rue des Archives/© 2013 Banco de México Diego Rivera Frida Kahlo Museums Trust Mexico, D.F./Adagp, Paris ; p. 124 : Tatiana Cardeal ; p. 133 : J. Martin/AKG-Images ; p. 136 : Photo Josse/Leemage ; p. 138 : M. Magliani/ Archives Alinari, Florence, Dist. RMN-Grand Palais ; p. 141 : AKG-Images ; p. 144 : Steve McCurry/Magnum Photos ; p. 148 : Musée de l'Emperi, Photo P. et S. Richy ; p. 154 : The Bridgeman Art Library ; p. 159 : Selva/Leemage ; p. 161 : Ullstein Bild/AKG-Images ; p. 162 : Elie Kagan/BDIC ; p. 164 : Chesnot/AFP ; p. 165 : AFP ; p. 167 : Prod DB © Weinstein Company, Universal Pictures, A Band apart/DR ; p. 172 : Gerard Richter 2013.

法國高中生 哲學讀本 IV

PASSERELLES
PHILOSOPHIE TERMINALES L.ES.S

文化是讓人脫離本性還是實現本性？
──────── 思索文化的哲學之路

作　者　侯貝（Blanche Robert）等人 ｜譯　者　廖健苡 ｜審　定　沈清楷 ｜特約編輯　宋宜真 ｜
全書設計　徐睿紳 ｜排　版　謝青秀 ｜執行編輯　官子程 ｜行銷企畫　陳詩韻 ｜總編輯　賴淑
玲 ｜社　長　郭重興 ｜發行人　曾大福 ｜出版者　大家出版／遠足文化事業股份有限公司 ｜
發　行　遠足文化事業股份有限公司　231 新北市新店區民權路108-4號8樓　電話　(02)2218-1417
傳真　(02)8667-1851　劃撥帳號　19504465　戶名　遠足文化事業有限公司 ｜法律顧問　華洋法律事務
所　蘇文生律師

PHILOSOPHIE TERMINALES ÉDITION 2013

Written by Blanche Robert, Hervé Boillot, Yannick Mazoue, Patrice Guillamaud, Matthieu Lahure, David Larre, Aurélie Ledoux, Frédéric Manzini, Lisa Rodrigues de Oliveira, Tania Mirsalis, Larissa Paulin, and Karine Tordo Rombaut
Copyright © 2013 by Hachette Éducation
All rights reserved.
Chinese complex translation copyright © Walkers Cultural Enterprise Ltd. (Imprint: Common Master Press)
Published by arrangement with Hachette Éducation through LEE's Literary Agency

國家圖書館出版品預行編目 (CIP) 資料

文化是讓人脫離本性還是實現本性？: 思索文化的哲學之路 /
侯貝(Blanche Robert)等著; 廖健苡譯. -- 初版. -- 新北市:
大家出版: 遠足文化發行, 2018.08
面;　公分. -- (法國高中生哲學讀本; 4)
譯自: Passerelles : philosophie, terminales L, ES, S
ISBN 978-986-96335-7-4 (平裝)
1.西洋哲學
140　　　　　　　　　　　　　107012425

定 價 460元
初版 1刷 2018年8月
初版 13刷 2023年2月
ISBN 978-986-96335-7-4

◎有著作權・侵犯必究◎
──本書如有缺頁、破損、裝訂錯誤，請寄回更換──
本書僅代表作者言論，不代表本公司／出版集團之立場與意見